シリーズ こころとからだの処方箋

思春期の自己形成

―将来への不安のなかで―

監修●上里一郎

編●都筑 学（中央大学文学部）

ゆまに書房

監修にあたって

二十一世紀は心の時代だと言われる。いわゆる先進国では、物質的には充足されているが、生きる意味や目標を見つけることができずにいる人々が少なくない。

グローバル化や科学技術の著しい進歩により社会は激しく変動しており、将来を予測することが困難になっている。例えば、労働環境一つを取ってみても、企業は好収益を上げていても、働く者個々で見るとその労働環境は著しく厳しいものになっている。それは、過重な労働条件・リストラの進行・パート社員の増加などに見ることができる。極端な表現をすれば、〝個人の受難の時代〟の到来といえるかもしれない。労働・地域・社会・家族など、私たちの生活の中に、このようなめまぐるしい変化は影を落としている。自殺者・心身症・うつ・犯罪の若年化や粗暴化などといった社会病現象の増加はその影の具現化でもある。

このシリーズ「こころとからだの処方箋」はこれらの問題に向き合い、これを改善するため、メンタルヘルスの諸問題を多角的に取り上げ、その解決と具体的なメンタルヘルス増進を図ることを主眼として企画された。

テーマの選定にあたっては、人間のライフサイクルを念頭に、年代別（青少年期、壮年期、老年期など）に生じやすい諸問題や、ドメスティック・バイオレンスや事故被害、犯罪被害といった今日的なテーマ、不眠や抑うつなど新たな展開を見せる問題などを取り上げ、第一線の気鋭の研究者、臨床家に編集をお願いした。一冊一冊は独立したテーマであるが、それぞれの問題は相互に深く関連しており、より多くの巻を手に取ることが、読者のより深い理解へと繋がると確信している。

なお、理解を助けるため、症例の紹介、引用・参考文献などを充実させ、また、専門用語にはわかりやすいよう注記を施すなどの工夫をした。本書は、医学・心理学・看護・保健・学校教育・福祉・企業などの関係者はもとより、学生や一般の人々に至るまでを読者対象としており、これら各層の方々に積極的に活用されることを願っている。

上里一郎（あがり・いちろう　広島国際大学学長）

【目　次】

序章　思春期の子どもの発達を取り上げる意味

1　はじめに

「思春期」という言葉を聞いて、あなたはどのようなことを思い浮かべるでしょうか。年齢や立場の違いによって、「思春期」から連想するものはずいぶんと異なると思います。すでに初老の時期を迎えようとしている人は、自分の過ぎ去った若い頃の甘酸っぱい初恋を想い出すかもしれません。十代の子どもを育てている最中の親にとっては、言うことをなかなか聞かないわが子は、一番の悩みの種かもしれません。思春期のまっただなかにいる子どもは、日に日に変化していく自分自身を持て余し気味で、どこへ走っていくかわからない荒馬に乗っているように感じているかもしれません。

本書は、こうした多様なイメージを含み、いろいろな形で受け止められている「思春期」を対象に、主に発達心理学の視点から論じていくことを目的としています。現代という時代に生き、いま思春期を過ごしている子どもたちの生活や発達について心理学的に検討し、子どもたちがどのようにして自己を形成しているのかを明らかにしようと思います。現代社会はきわめて複雑な構造をもっているために、そのなかに生きる思春期の子どもは、さまざまな発達的問題をかかえやすい状況に置かれています。子どもたちの現状を理解するとともに、そのような発達上の困難さを抱える子どもに対して、いかなる支援が成り立ちうるのかについても同時に考えていきたいと思います。

この序章では、思春期という時期の特徴を概括的に示し、読者のみなさんに第1部以降を理解する基本的な枠組みを提示していきます。そのために、最初に、人生において思春期と呼ばれる時期がどのような位置を占めているかについて、社会歴史的な視点を含めた広い視野から考察します。次に、思春期における子どもの発達がどのような特徴をもっているのかについて、発達理論や発達心理学の知見にもとづいて考察します。さらに、現代社会が思春期の子どもに対して、どのような影響を及ぼしているかについて、今の時代の特徴を押えながら考察します。最後に、これらのことをふまえて、第1部から第4部の各章の内容について紹介し、本書の構成を示します。

2　人生における思春期

(1)　思春期の始まりと終わり

思春期（puberty）は、語源的には「毛の生えた」という意味をもっています。思春期に第二次性徴にともなって生えてくる陰毛（pubes）という言葉は、「動物や植物の軟毛（柔毛）」をさすpubesと同じです。「二次性徴があらわれ、生殖可能となる時期」（広辞苑）

と定義されているように、思春期とは、子どもが性的に成熟して生殖が可能になる年齢をさしています。人間の発達は、安定していた子ども時代から、不安定な思春期*をへて、社会的に大人になっていくととらえることができます。思春期は、子どもと大人の中間に位置する時期だと言えるでしょう。

それでは、思春期はいつ頃始まり、いつ頃終わるのでしょうか。思春期の時期区分には、いくつかの考え方があります。一方で、思春期を一〇～一五歳と限定してとらえる立場（『青年心理学事典』）があります。他方で、思春期を広くとらえ、初期（一一～一三歳）、中期（一四～一五歳）、後期（一六～一八歳）に三区分［文部科学省、2001］、あるいは、思春期前期（一二～一四歳）、後期（一五～一七歳）に二区分（『新版心理学辞典』）する立場があります。さらに、一二～一四歳を狭義の思春期、一二～一七歳を広義の思春期と呼ぶような立場もあります（『心理学辞典CD-ROM版』）。こうしたことから、思春期は一〇歳～一八歳までをさし、一〇代の子どもを意味するティーンエイジとほぼ同じ時期であると考えられます。

(2) 人生における思春期の位置

現代は、人生八〇年あるいは九〇年と言われる時代です。人生五〇年と言われた古き時代とは、人びとの生き方もライフスタイルも大きく異なっています。思春期の子どもは、乳児期や児童期において獲得された発達的な力を土台にして、一〇年近い時期を過ごしていくことになります。そのなかで、身体的にも、精神的にも、社会的にも、大人へと発達

*ムンクの描いた『思春期』。青白く堅いからだつきの少女が裸でベッドに座り、手をからだの前で交差し、恐れるような不安そうな目つきで前方を見つめている。ベッドの上には、月経の染みのような跡がある。

していくことが課題となります。思春期という与えられた期間に、いかにして大人になってからの長い人生を生きていくのに必要な力を蓄えていけるのか、思春期の過ごし方がたいへん重要になっていると言えます。

思春期は、発達段階的には児童期の後半から青年期の前半と重なります。そして、この期間は、小学校から中学校、そして、高校へと進学する時期でもあります。従って、発達段階間の移行や学校間の移行をとおして、思春期の子どもは発達的な力を身につけていくことになるのです。そうした移行の過程では、不安定な状態に陥ることもあるかもしれません。しかし、そのような状態を乗り越えながら、成人期や老年期の土台づくりをして、それを基礎にしながら、私たちはその後の長い人生を歩んでいくことになると言えるでしょう。

(3) 社会歴史的に規定される思春期

思春期という時期は、いつの時代にもあったと考えられるものでしょうか。具体的な数字をもとに検討してみることにしましょう。わが国において、学制が敷かれたのは一八七二（明治五）年のことです。全国民が小学校へ行くことが義務づけられました。しかし、その翌年の就学率を見ると、わずか28％にしか過ぎません。義務教育四年制度が確立した一九〇〇（明治三三）年に、ようやく82％にまで達します。そして、一九〇七（明治四〇）年に義務教育は六年間に延長され、その頃にやっと100％に近い就学率になりました。ほとんどの子どもが一二歳まで学校へ行くようになったのは、わずか百年前のことであることがわかります。この頃は、紡績工業を初めとする近代工業が飛躍的に発展した時期であり、子どもは、小さな労働者として社会的な需要があり、働くことが求められていたのです。こうした時代には、今の子どもが享受しているような形での思春期は存在していませんでした。

世界的に見れば、現代においても、思春期を過ごすことなく生きている子どもが存在しています。フィリピンのスモーキー・マウンテンに暮らす子どもやモンゴルのマンホールで生活する子ども。ストリートチルドレンと呼ばれる子どもは、地球上に何百万人もいると言われています。

思春期は、私たちの社会が豊かになることによって生み出されてきたものであり、多くの子どもたちが本来的な意味において思春期を過ごすことができるように保障していくことが重要な課題であるのです。

3　危機としての思春期

(1)　思春期の発達

思春期を迎えると、身長・体重の増加が以前よりも早くなり、初潮や精通などの第二次性徴*も出現します。それまで安定していた身体像*も不安定になり、急激な身体的変化に対する他者からの目も気になり始めます。

性徴
性徴とは、男女両性の持っている形態的、生理的特徴のことをさす。第一次性徴は、生殖腺と生殖器の差による特徴をいう。第二次性徴は、思春期になってホルモンの作用によって生じる身体および全体的な特徴をいう。男子では、肩幅や咽頭の発達、陰毛・脇毛の発生。女子では、乳房の発達、骨盤の拡張、陰毛・脇毛の発生。

身体像
ボディーイメージ。自分の身体全体や身体部分の空間的な関係について恒常的に持っているイメージ。

知的発達では、具体的操作期*から形式的操作期*への移行の段階にあり、抽象的、論理的な思考ができるようになり、自分自身の内面についても反省的にとらえられるようになります。人生観、価値観、理想について考えることをとおして、「自分とは何か」、「自分は何をしようとしたいのか」という自分のアイデンティティ*を考え始める時期です。自分に対する意識が敏感になり、情緒不安定になったりします。

思春期には、親からの独立意識も高まり、親への反抗を示したりします。友人関係も、特定の友人との緊密な関係であるチャムシップ*を重視するようになっていきます。

このように、思春期には、認識、感情、身体などのすべてにわたって、急激な発達が起こります。そうした変化に対して、思春期の子どもは、どのように対処していけばよいのか自分自身でもとまどってしまう時期であるのです。従って、思春期の子どもは、ある意味での過敏さ、アンバランスさ、危うさを特徴としています。周囲の大人にしてみれば、思春期の子どもは、いわゆる扱いにくい年齢として目に映るのです。

(2) 思春期危機

思春期危機という概念を初めて導入したのは、ドイツの精神医学者クレッチマー［Kretschmer, 1958］でした。思春期には、ホルモンなどの内分泌機能が活発化することより、著しい身体的な発達が引き起こされます。それに関連して、心理的な動揺も生じます。クレッチマーは、この身体と心理とのズレから生じる不安定さが、思春期に独特の精神的な障害を生み出すと考えたのです。

具体的操作期
ピアジェによる知的発達の時期（七、八～一一、一二歳）で、具体的推理（具体的事象の観察にもとづいて、二つ以上の既知の前提から新しい一つの結論を導き出す）が可能になるために、知覚に左右されることなく保存（もののある特性が変化しても、別の特性が変化しないこと）課題に正しく反応できるようになる。

形式的操作期
ピアジェによる知的発達の時期（一一、一二歳～）で、形式的推理（具体的事象から離れた論証によって、既知の前提から新しい結論を導き出す）が可能になるため、仮説演繹的な思考ができるようになる。

アイデンティティ
エリクソンの漸成発達理論における青年期の心理社会的危機をさす。自分についての時間的な連続性および自分と社会との連続性の感覚から成り立つものである。

発達心理学者のヴィゴツキー［Vygotsky, 1976］も、危機的年齢の一つとして、一三歳の危機に言及しています。危機的年齢とは、危機の始まりと終わりを決定することが難しく、子どもの多くが教育困難性を示し、崩壊や分解の過程が前面にあらわれる発達の消極的性格を特徴としています。思春期は、揺れ動きが大きく、不安定な年代です。しかし、同時に、ヴィゴツキーは、危機的年齢には子どものなかに新形成物が発生すると考え、一三歳の危機を超えることによって安定した思春期*に入るとしました。

一三歳という年齢は、クローによって第二反抗期*と呼ばれた時期と重なっています。対人恐怖症が多く発症するのは、一三～一六歳ぐらいであることが知られています。小学生では限られていた自殺者が、中学生（一三～一五歳）になると急増することも統計からわかっています。また、統合失調症（精神分裂病*）の一つのタイプをあらわすのに使われていた破瓜病という言葉は、破瓜期（思春期）に起こりやすいという臨床的事実に由来しています［福島、1992］。

(3) 危機のとらえ方

木村［1986］によれば、危機（crisis）はギリシャ語の Krisis に由来する言葉です。Krisis は、元々は、「重大な変化の生ずる転回点」、「選択や決断を迫られる岐路」の意味として用いられていました。医学用語では、「分利」と訳され、高熱をともなう重病が、ある特定の時期に急激に治癒もしくは悪化に向かった場合をさして使われます。それが転用され、精神医学では、精神疾患が急激に軽快するか悪化するかの分岐点をさすようになりました。

チャムシップ
サリヴァンが提唱した、互いの内面的な類似性を確認することで生じる一体感を特徴とする親密な友人関係のこと。

*ヴィゴツキーは、思春期を安定した時期としてとらえている。

*クローは、二～四歳の幼児が「イヤ」を連発する時期を第一反抗期、一二、一三歳頃からの年長者・権威・習慣などへの反抗の時期を第二反抗期と呼んだ。

精神分裂病
精神分裂病の原語 Hebephrenie の Hebe とはギリシャ神話で青春の女神の名前である。したがって、ヘベフレニーとは「青年期の心の病」というほどの意味である［福島、1992］。

現在では、危機は、危険な状況に直面したときの内的な状態として考えられています。

思春期には、先ほど述べたようにさまざまな問題が生じやすいことがわかっています。それは、思春期という時期を生きていくためには、多くのエネルギーを必要とし、さまざまな緊張を強いられることもあるからだと考えられます。思春期以前の発達段階においてさまざまな発達的弱さをかかえている子どもや思春期において対人的なつながりを十分に作りあげていない子どもの場合、思春期という危険な状況に直面したときに、発達上のピンチに陥ってしまう可能性が高くなります。しかし、そうした弱点を別の形で補いつつ、そうした危険な状況を上手に乗り越えていくことができれば、危機はそれをとおして発達していくチャンスにもなりうるのです。発達上のピンチとチャンスの両側面をもつものとして、危機をとらえることが大切であると言えます。

4　現代における思春期

(1)　思春期の子どもの生活基盤の変容

「子どもは時代を映す鏡である」と言われます。子どもは決して真空のなかで生きているのではありません。子どもは子どもとしての一般的な発達的特徴をもちつつも、生きている時代の空気を吸って大きくなっていきます。社会のなかに存在する限り、そこからさまざまな影響を受けながら子どもは成長していくのです。百年前の明治時代を生きた子どもと現代を生きる思春期の子どもの発達には、共通する部分と異なる部分があると言えるでしょう。

それでは、今の時代の特徴とは一体何でしょうか。グローバリゼーションの広がりのなかで、新自由主義的な思想にもとづく競争は日に日に激しさを増しています。効率性やスピードが求められ、自己責任が強調され、競争を通じて勝ち組・負け組に峻別されていきます。情報化社会、消費社会は、日進月歩どころではなく、分進日歩の勢いで進んでいきます。思春期の子どもは、インターネットや携帯電話などの情報にからめ取られ、消費のターゲットとして社会のなかに組み込まれています。そうしたなかで、現代を生きる思春期の子どもは、学習者としても生活者としても十分に自立しえない状況に置かれていると考えられます［都筑、2004］。

学校からの離脱としての不登校や高校中退は、依然として多数に及んでいます。薬物乱用、援助交際、いじめ、学内暴力などの問題も続いています。こうした状況は、思春期の子どもの生活基盤が根底から問題をかかえていることを示していると言えるでしょう。

(2) 社会の側からの思春期への対応

ここ一〇年ぐらいの間、思春期の子どもが新聞記事をにぎわすような事件が起きるたびに、世間では、少年犯罪が凶悪化し、低年齢化していると言われ続けてきました。そうした声にも後押しされて、二〇〇一（平成一三）年四月一日、改正された少年法が施行され、刑事罰対象年齢が「一六歳上」から「一四歳上」に引き下げられました。厳罰化によって犯罪を防止しようとする社会の側からの「対応策」です。しかし、石井［2001］が指摘するように、日本社会には異質なものを受け入れず、わずかな違いから他人を排除しようとする感覚があり、自己の人権が保障されていないなかで、自分の受けた被害感を自分より弱いものに向けて回復しようとする社会状況が、子どもの世界にも入り込んでいると考えられます。このようななかで、厳罰主義は決して有効な対策とは言えないのです。

もう一方では、子どもの権利についての検討も進んできました。一九八九年一一月二〇日に国連総会において、「児童の権利に関する条約（子どもの権利条約）」が採択されました。この条約は、基本的人権が子どもにも保障されるべきことを国際的に定めたもので、生存、保護、発達、参加という包括的権利を子どもに保障しています。日本政府も、一九九四年四月二二日に世界で一五八番目に「子どもの権利条約」を批准しました。子どもの権利を尊重し、社会参加（参画）の道筋を開いていくことは、未来の社会を担っていく存在としての子どもの自己決定能力や自己肯定感を高めるためにも重要であると考えられます［子どもの参画情報センター編、2002］。

(3) 思春期の危機と社会

思春期は、本来的に危機をはらみやすい時期です。同時に、「多感」あるいは「敏感」という言葉で形容される思春期の子どもは、社会からさまざまな影響を受けながら大きくなっていきます。思春期の子どもの発達は、社会との相互作用のなかで展開されていくと言えるでしょう。従って、思春期の子どもの発達をとらえる際に、子どもと社会とのつながりを意識的にとらえて検討を加えていく必要があります。複雑で多様な問題をかかえている現代社会が、どのようにして思春期の子どもの危機を増幅させ、より複雑なものにしているのかを明らかにしていくことは重要な課題であると言えるでしょう。

他方では、社会が思春期の発達をうながす側面があることも見逃してはならない重要な点です。思春期の子どもの成長を描き出す思春期文学というジャンルは、モデルとしての人間の発達を提示しています［吉田、2004］。子どもだけでなく大人にも人気のある宮崎駿監督の製作する一連のアニメ作品は、主人公の成長の物語として見ることができます。同性から支持を得ている浜崎あゆみの歌は、女子の生き方を励ますものであると言えるでしょう。

このように思春期の子どもは、社会のなかで、プラスとマイナスの影響力を受けながら、大人へと成長していくのです。思春期の子どもは、ある意味において必然的に生じる動揺や不安定さと上手につきあい、それをとおして新しい力を形成していくことになります。思春期とは、可能性に満ちた時期であると言えるでしょう。

5　本書の構成

本書は、以下のような四部構成となっています。

第1部では、子どもの発達を社会とのかかわりからとらえていきます。現代社会という時代は、過去の社会とは異なるさまざまな特質を持っています。そのような時代に生きる思春期の子どもたちの認識や人格の発達について論じます。

第1章では、子どもの社会認識・自己認識の発達、社会性の発達に関する調査結果と発達理論を紹介するとともに、変貌する地域社会における子どもの自己形成の課題について考察します。

第2章では、子どもの生活に欠かせないものとなっているテレビという仮想的な世界や人間関係を特徴とする通信・情報メディアを利用することが、思春期の子どもの自己形成に与える影響について考察します。

第2部では、子どもの発達を学校とのかかわりからとらえていきます。現代は学校教育制度が普及し、多くの子どもが学校に通っています。そのような学校教育のなかでの子どもの人格や学力の発達について論じます。

第3章では、学校の成り立ちや学校へ行くことの意味を検討するとともに、小学校から中学校への進学過程を対象とした意識調査の結果を紹介し、学校教育のなかでの子どもの自己形成について考察します。

第4章では、学校において学ぶという活動をとおして広がっていく認識的な世界や自己の世界について検討し、教師や他の生徒との共同的な関係を通じた学びによって形成される子どもの自己について考察します。

第3部では、子どもの発達を対人的な関係からとらえていきます。現代社会では、人間関係のあり方が希薄化していると言われるなど、大きく変わりつつあります。そのような状況のもとでの、友人や大人との関係における子どもの発達について論じます。

第5章では、思春期の子どもを対象とした国際比較の調査データなどにもとづきながら、友人関係における異質性への気づき、他者への寛容が思春期の子どもの自己形成に及ぼす影響について考察します。

第6章では、思春期の子どもにとっての成長モデルとして大人とはどのようにあるべきかを検討し、現代において大人との関係のなかで子どもが自己を形成していく困難さや指導・援助の在り方について考察します。

第4部では、思春期女子と障害者青年を取り上げて、現代社会にあらわれる子どもの自己形成の特有な問題について論じます。

第7章では、身体的・性的成熟の早期化や対人関係における過剰な気遣いという点で問題を生じやすい思春期女子の心理的特徴を検討し、現代における思春期女子の自己形成の危うさと支援のあり方について考察します。

第8章では、急激に変化する現代社会において、対応が遅れがちになりやすい発達的障害をもった子どもについて検討することをとおして、障害者の自己の形成の固有性や一般性と支援のあり方について考察します。

（都筑　学）

引用・参考文献

福島 章 1992 『青年期の心』講談社

石井小夜子 2001 『少年犯罪と向き合う』岩波書店

木村 敏 1986 「危機とはなにか」『青年心理』第60号 2-10p.

子どもの参画情報センター（編）2002 『子ども・若者の参画』萌文社

Kretschmer, E. 1949 *Psychotherapeutische Studien.* Thieme, Stuttgart. （新海安彦（訳）1954 『精神療法』岩崎書店）

久世敏雄・齋藤耕二（監修）2000 『青年心理学事典』福村出版

文部科学省 2001 『思春期の子どもと向き合うために』ぎょうせい

中島義明・安藤清志・子安増生・坂野雄二・繁桝算男・立花政夫・箱田裕司 1999 『心理学辞典 CD-ROM版』有斐閣

都筑 学 2004 「思春期の子どもの生活現実と彼らが抱えている発達的困難さ――小学校から中学校への移行期について――」『心理科学』第24巻第2号 14-30p.

梅津八三・相良守次・宮城音弥・依田 新（監修）1981 『新版心理学辞典』平凡社

Vygotsky, L. S. 1933 *Игра и родь впсихческот развитии ребéнка.* （柴田義松・森岡修一（訳）1976 『児童心理学講義』明治図書）

吉田純子 2004 『少年たちのアメリカ 思春期文学の帝国と〈男〉』阿吽社

第1部　現代社会における子どもの自己形成

第1章　子どもの自己形成と大人社会

1　はじめに

「朝（あした）に道を聞きかば、夕べに死すとも可なり」（孔子）――あなたは、このような心境を経験したことがありますか。私の場合は、思春期のさなか。そのときは、「人は何のために生きるのか」という人生の目的を知りたくて知りたくてたまりませんでした。もしそれがわかれば死んでもいいというくらいの気持ちでした。

なぜそうした疑問を持ち、そんなにも知りたかったのでしょうか。中学生になったばかりの頃、私は腰痛に苦しみました。間もなくそれが腎臓病に起因することがわかりました。それから一年間、私は家で寝たり起きたりの生活でした。先のことよりもまず腰痛とだるさが治って普通の生活がしてみたいとばかり考えていました。やがて身体が快復し通学もできるようになったのですが、今度は例の「何のために生きるのか」という疑問に囚われ始めたのです。病気という身体的経験が人生の問いを導いたのでしょう。

いま振り返ると、もう一つ見逃せないことがあります。緊迫した社会状況および時代性です。当時（一九六〇年代）日本は経済高度成長期でしたが、ケネディ大統領の暗殺、べトナム戦争の拡大、公害問題、学園紛争と社会的問題が噴出していった時期でもありました。こうした時代性は、独特の緊張感をもたらし、感受性を研ぎ澄まします。「何のために生きるのか」という疑問は、現代社会においてどのような生き方を選択すべきかという問題でもあったのです。とはいえ、孤独な青年には答えるすべもなく、将来への不安が募るばかりでした。

人生の難問に答を見出すには、私は余りにも無力でした。そこで、人類の過去の文化に頼ろうとしました。つまり、すでに誰かが答を出してあるだろうから、それを見つけたらいいのではないかと。中学・高校時代は、時間があるといつも本屋や図書館に行きました。武者小路実篤、芥川龍之介、夏目漱石などの文学書を読んでみました。ドストエフスキーやトルストイ、アンドレ・ジッドなどの名作も読みあさりました。ソクラテスが出てくるプラトンの著作をかなり読破し、問答法という哲学の仕方に感動もしました。しかし、自分も無知だということがわかるばかりで、答はとうとう見つかりませんでした。

友だちともよく議論しました。答は見つからなくても問いを持ち続けることができたのは、毎日の勉強と部活、やがて受験に追われる高校生にあって、少数ではあっても人生について語り合うことのできる友だちがいたからだと言えます。

だいぶ長くなりましたが、はじめにこうした私にまつわる出来事を書き連ねたのは、思春期の自己認識の苦悩の一側面と、それを生み出す諸条件について考えてみたかったからです。概念的に整理するならば、身体・社会・文化・仲間という諸関係のなかで、人生に関する問いが生まれ展開するということについて、まず確認したかったからです。冷静に振り返ってみれば、思春期にはそうした問いに答える力はまだありませんし、またすぐに答を見出す必要もありません。しかし、大切なことは、そうした問いに立ち向かい、問いを持ち続けることです。人生の問いに向かい続けることによって、人は思春期を生きることができるのです。

ところで、考えるということは楽しいことでもあります。まして、そこに仲間が加わり、議論を通じて社会参加し、異性からも尊敬され、身体が熱くなるのであるならば、苦しみながら充実するということになります。問いに立ち向かう中で、社会に認められる青年を生きることになります。とはいえ、健康な身体に恵まれ、社会の現実がわかりやすい形で示され、文学や哲学、社会科学や自然科学などの文化的手段を与えられ、信頼できる仲間に囲まれるというような思春期が万人に保障されているわけではありません。むしろ、そのようなことは稀であり、だからこそ青年の文学は、快活で希望に満ちてはいても、悲劇や絶望に付きまとわれるのです。本章では、こうした思春期の本質と、その諸条件について検討していきます。とりわけ、広い意味での思春期の始まりである一〇歳頃に焦点を当て、児童期と思春期との発達的連関を問題にするつもりです。思春期の自己形成の前提である、身体をコントロールする能力、社会認識するための能力、仲間を形成する能力がそこに発見できるからです。現代ではその児童期が変質し失われつつあることによって、いかにも思春期が生きにくくなっています。また、未来に話を向ければ働くことや親になることの困難も生じています。本章では、こうした発達過程に位置づけながら、思春期の自己形成について検討してみたいと思います。

2　過程としての自己の本質

乳幼児において「ワンワン」ということばは、ある具体的な対象に対する呼びかけから始まり、次いで「ワンワン」を「ニャンニャン」から区別するはたらきをもち、やがてさまざまな「ワンワン」を想像する力を備えるに至るが、二歳も過ぎれば今度は反対に「ワンワン」ということばから、いちばん犬らしい犬を想像できるようになる。こうして、人は「オバケ」というような正体不明のものを表すことばから、「オバケ」の実在を想像し信じることができるようになる。つまり、人は名前を付けると何か対応する実体があると思うようになる。「自己」についても同様である。「自己」ということばをたびたび耳にすると、いつの間にかあたかも自己という実在があると思い、それを議論の出発点にする誘惑に駆られる。しかも、それが物体のような静的存在であればよけい理解しやすいので、自己を実体としてとらえがちになる。しかし、こうして「発見された」自己は、自己の社会的イメージの寄せ集めであって、私たちが問題にしたい自己ではない。

陥穽を避けるために、ここでは自己を物ではなく過程として理解しよう。過程であるので、内には対立した要素をもち、変化を被る。自己は単独で存在するのではなく、他者との関係において存在し変化する過程と考える。これが最初の論点である。また、自己そのものを明らかにしようとするのではなく、その存在条件を明らかにしようとする。すなわち、自己と呼ばれる過程がどのような条件の下で進行するのか明らかにしようとする。「身体と環境」および「個人と社会」という二つの関係において、それぞれ二項の相互作用に自己を位置づけてみよう。

(1) 自己と他者

例えば、夢中で踊っているとき、あるいは、バスケットボールの試合のとき、孤独な自己は意識されず、人はむしろ一体感に浸る。そこには身体と環境との区別もなく、個人と社会との区別もなくなっている。他方、親からの自立を求めるとき、あるいは、職業の選択を考えるとき、自己と他者とを明確に区別する。親ではない自己、友達とも異なる自己を意識する。思春期の子どもには、一体感に満ちた自己と、他者から区別された自己とが交代で出現する。そうした自己の出没に子どもはとまどい混乱するわけだが、その両方を受け容れることで子どもは成長する。集団での馬鹿騒ぎも、読書によって孤独を楽しむことも、思春期の子どもにとっては大切な時間である。子どもは、哲学者のように自己について考察することによって自己を知るのではなく、自己と他者との融合と対立という、みずからの経験を通して自己に気づいていく。こうした過程にある自己をとらえやすく示してみたのが、**図1**である。

(2) 身体と環境

人は身体を通じて環境と関わっている。身体と環境との相互作用において、自己も形成される。それを示したのが**図2**である。

図1　自己

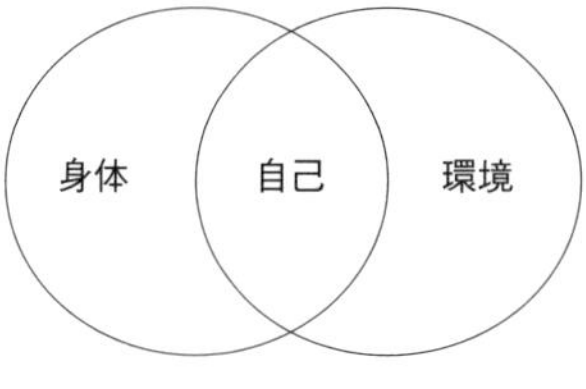

図2　身体と環境

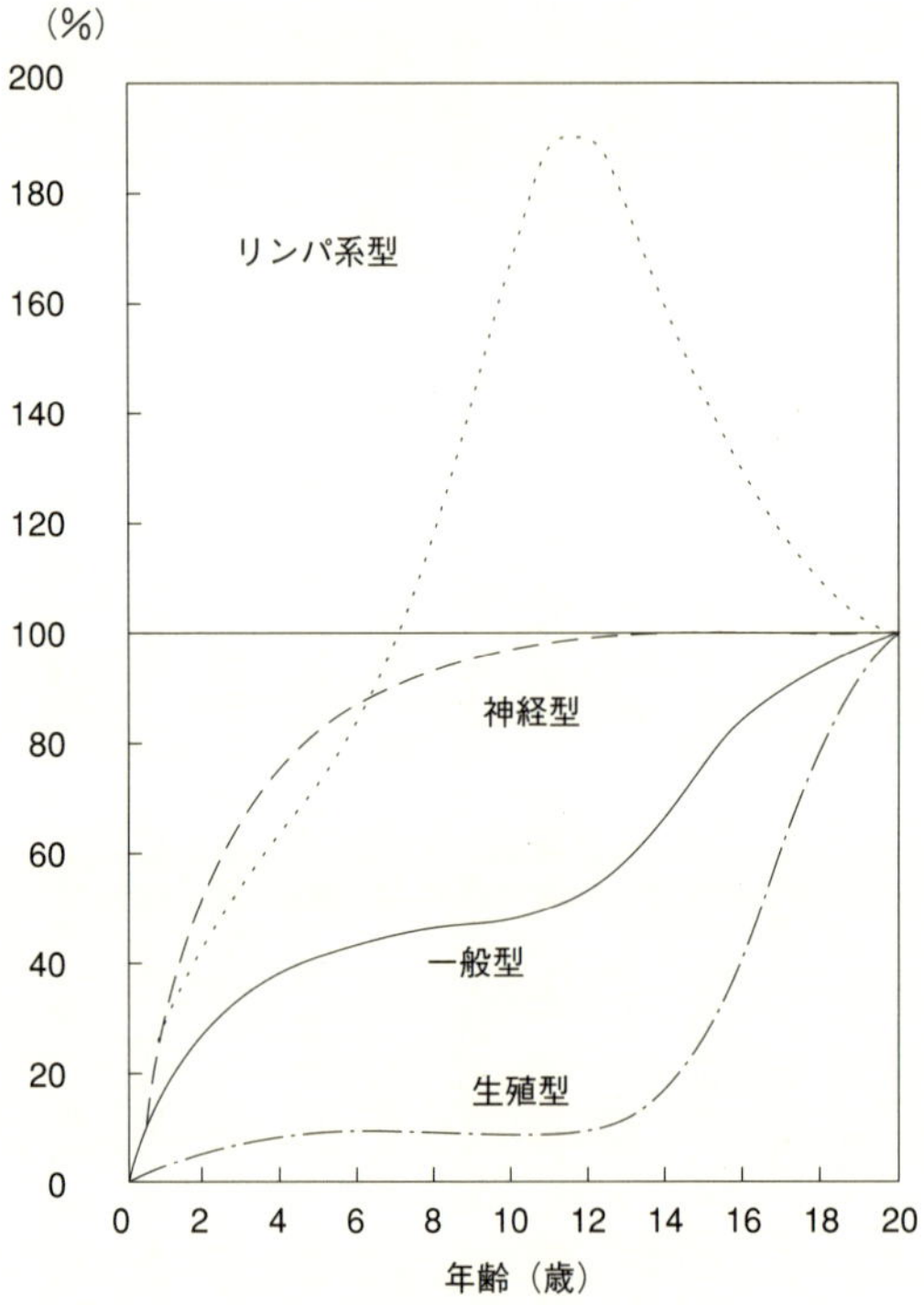

図3　スキャモンの臓器別発育曲線

ところで、思春期は身体の変化とともに出現する。この変化を概念的にとらえるためにスキャモンの発育曲線を見てみよう（**図3**）。この図からわかるように一〇歳ないし一四歳を境にいくつかの重要な身体的変化が認められる。リンパ型は成人の約二倍の成長から次第に低下していくが、生殖型は急激に発育を遂げていく様子が示される。神経型は思春期にピークを迎えるが、一般型（身長・体重）は児童期の安定から再び伸長期に向かう［内海、1994］。こうした身体的変化は当然環境との相互作用の仕方に影響する。旺盛な食欲、運動の活発化、体型の変化をもたらす。これらは自然現象のように見えるが、そうではなく社会現象としてまず理解することが必要である。食事一つを取り上げても、何を誰とどのように摂取するかが重要な意味を持つ。過食や拒食というような摂食障害も発生しやすい年齢である。人の場合、身体と環境との関係は、社会関係でもあるからである。そして、その関係を受け止めるには知性の力が必要である。ピアジェのいう形式的操作［Piaget, 1964］、ヴィゴツキーのいう概念的思考［Vygotsky, 1962］がどれだけ研ぎ澄まされているかにより、さらには青年特有の文学性の発達［Wallon, 1954］が、この時期のあり方を変える。

（3）個人と社会

自己は、個人と社会とが相互作用する過程でもある。これを模式的に示すと**図4**のようになる。

近代社会は、ある年齢に達した子どもを家族から引き離し、学校制度に組み入れる。子

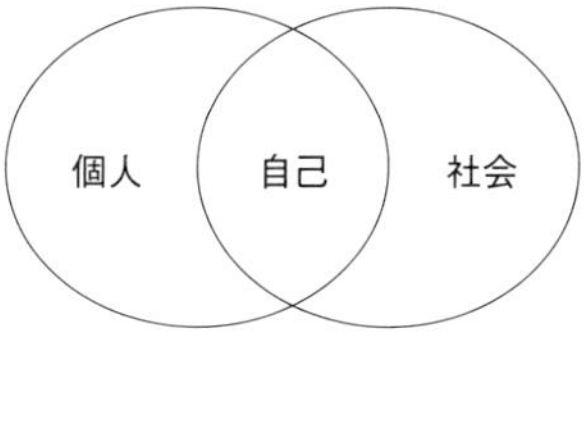

図4　個人と社会

どもは家族の安定した関係から、さまざまな個性をもつ仲間集団のなかで生活し始める。こうした社会関係の変化は、子どもにとっては新しい課題をもたらす。課題はもちろん歴史・社会・文化によって異なるが、子どもにとっては、「人生の一定の時期あるいはその前後に生じる課題であり、それをうまく達成することが幸福とそれ以後の課題の達成を可能にし、他方、失敗は社会からの非難と不幸をまねき、それ以後の課題の達成を困難にする」性格を有している［Havighurst, 1953］。ハヴィガーストはそうした課題を発達課題と呼んだが、それを筆者が整理したものが、**表1**である。また、本書に関わる児童期中期と青年期の発達課題の本質について詳しく示したのが、**表2**である。これらの発達課題は、一九六〇年代から一九七〇年代初めにかけてのアメリカ合衆国の中流階層（人口の約40％）に特徴的な課題であり、時代的な制約も社会階層的な制約もあるのだが、それだけにかえって具体性をもっているとも言える。

ハヴィガーストは、発達課題の起源として、「身体の成熟」と「社会の文化の圧力」、「出現しつつある人格の欲求や志望、価値観」をあげているが、これらは自己形成の条件でもある。現代日本に生きる子どもにはどのような発達課題があり、それを達成するためにはどのような条件が必要であるのか、探求する際にも十分参考になるだろう。

例えば、ハヴィガーストの場合、一二歳から一八歳の時期を青年期としている。これは当時、ハイスクールやカレッジを終えれば安定した職業に就くことが期待され、女性の結婚年齢のメディアン（中央値）が一九歳か二〇歳であった米国の状況を背景にしている。従って、一八歳までに就職や結婚など社会的責任を負うことができようになることが当然

表1　ハヴィガーストの発達課題

時期	番号	発達課題
幼児期および早期児童期	1	歩行の学習
	2	固形食摂取の学習
	3	しゃべることの学習
	4	排泄の統制を学ぶ
	5	性差および性的な慎みを学ぶ
	6	社会や自然の現実を述べるために概念を形成し言語を学ぶ
	7	読むことの用意をする
	8	善悪の区別を学び、良心を発達させはじめる
中期児童期	1	通常の遊びに必要な身体的技能を学ぶ
	2	成長しつつある主体としての自分に対する健全な態度を身につける
	3	同年代の者とやっていくことを学ぶ
	4	男女それぞれにふさわしい社会的役割を学ぶ
	5	読み書きと計算の基礎的技能を発達させる
	6	日常生活に必要なさまざまな概念を発達させる
	7	良心、道徳心、価値尺度を発達させる
	8	個人としての自立を達成する
	9	社会集団や社会制度に対する態度を発達させる
青年期	1	同年代の男女と新しい成熟した関係を結ぶ
	2	男性あるいは女性の社会的役割を身につける
	3	自分の体格をうけいれ、身体を効率的に使う
	4	親や他の大人たちから情緒面で自立する
	5	結婚と家庭生活の準備をする
	6	職業につく準備をする
	7	行動の指針として価値観や倫理体系を身につける――イデオロギーを発達させる
	8	社会的に責任ある行動をとりたいと思い、またそれを実行する
早期成人期	1	配偶者の選択
	2	結婚相手と暮らすことの学習
	3	家庭をつくる
	4	育児
	5	家の管理
	6	職業の開始
	7	市民としての責任をひきうける
	8	気心の合う社交集団を見つける
中年期	1	十代の子どもが責任を果たせる幸せな大人になるように援助する
	2	大人の社会的責任、市民としての責任を果たす
	3	職業生活で満足のいく地歩を築き、それを維持する
	4	大人の余暇活動をつくりあげる
	5	自分をひとりの人間として配偶者に関係づける
	6	中年期の生理学的変化の受容とそれへの適応
	7	老いてゆく親への適応
老年期	1	体力と健康の衰退への適応
	2	退職と収入の減少への適応
	3	配偶者の死に対する適応
	4	自分の年齢集団の人と率直な親しい関係を確立する
	5	柔軟なやりかたで社会的な役割を身につけ、それに適応する
	6	満足のいく住宅の確保

表 2　ハヴィガーストの発達課題（中期児童期～青年期）

時期	番号	発達課題	課題の本質（簡単な定義）
中期児童期	1	通常の遊びに必要な身体的技能を学ぶ	児童期に非常に重要とされる遊びや身体的活動に不可欠な身体的技能を学ぶ。たとえば、投げる、受けとる、蹴る、回転する、泳ぐ、簡単な道具を使うといった技能である。
	2	成長しつつある主体としての自分に対する健全な態度を身につける	身体を大切にし、清潔と安全をたもつ習慣を発達させる。それは、身体が正常で適切だという感覚をふくむ健全な現実的態度、身体を楽しく使える能力、性に対する健全な態度と一貫したものでなければならない。
	3	同年代の者とやっていくことを学ぶ	仲間とのつきあいのなかで協力することを学ぶ。友だちをつくり、敵と折り合うことを学ぶ。<社会的人格>を発達させる。
	4	男女それぞれにふさわしい社会的役割を学ぶ	男子あるいは女子になること。つまり、期待され報酬を与えられる役割をとることを学ぶ。
	5	読み書きと計算の基礎的技能を発達させる	米国で暮らすのにじゅうぶんな、読み書き計算を学ぶ。
	6	日常生活に必要なさまざまな概念を発達させる	ひとつの概念は、多くの特別の感覚・知覚を意味するひとつの観念であり、あるいは、抽象度の低いいくつもの観念を意味するひとつの観念である。この課題は、日常の職業や市民生活の問題、社会的な問題を有効に考えるのにじゅうぶんな概念の貯えを得ることである。
	7	良心、道徳心、価値尺度を発達させる	内的な道徳による抑制力、道徳上の決まりを尊重する気持ち、合理的な価値尺度の始まりとなるものを発達させる。
	8	個人としての自立を達成する	親や他の大人から自立してプランを立てて現在および近い将来に実行できるという自律的な人間になる。
	9	社会集団や社会制度に対する態度を発達させる	基本的に民主主義的な社会的態度を発達させる。
青年期	1	同年代の男女と新しい成熟した関係を結ぶ	目標――女子を女性として、男子を男性として見ることを学ぶ。大人の仲間入りをする。個人的な感情を抑えて共通の目的のために他者と一緒に仕事をすることを学ぶ。支配することなく導くことを学ぶ。
	2	男性あるいは女性の社会的役割を身につける	社会的に認められた大人の男性としての、あるいは女性としての社会的役割をうけいれ、学ぶ。
	3	自分の体格をうけいれ、身体を効率的に使う	目標――自分の身体に誇りをもつ、あるいは、少なくとも自分の身体をうけいれる。自分の身体を効率的にまたみずから満足して使い、大切にする。
	4	親や他の大人たちから情緒面で自立する	目標――親への子どもっぽい依存から脱する。親に抵抗せずに親への愛情を育む。年配の大人に対して依存せずに尊敬する気持ちを育む。
	5	結婚と家庭生活の準備をする	目標――家庭生活や子どもをもつことに対する積極的な態度を身につける。また、（主に女子にとってのことであるが）家事や育児に必要な知識を得る。
	6	職業につく準備をする	目標――きちんとした職業につけるように、自分の計画と努力を組織だてる。生計を立てる自信を得る。
	7	行動の指針として価値観や倫理体系を身につける――イデオロギーを発達させる	青年期の中心的な課題はアイデンティティを確立することである。ひとつは、生涯の仕事もしくは家庭づくりのための選択と準備をすることであり、もうひとつは、社会・経済・倫理的イデオロギーを形成することである。
	8	社会的に責任ある行動をとりたいと思い、またそれを実行する	目標――社会的イデオロギーを育む。責任ある大人としてコミュニティーや地域、国家の生活に参加する。社会の価値観を考えて個人的に行動する。

であり、そのための準備期間が青年期であった。

それに比して、現代の我が国の場合はどうであろうか。第一に、社会的責任を負うための準備期間としての青年期は長期化するとともに、「心理的には」四〇歳近くまで延長されているケースも見られる。第二に、就職や結婚といった出来事による青年期の区切りがなかなか認められない。第三に、性の発育加速により一〇歳頃からすでに青年期的な心理の一部を引き受ける現象が広がっている。これには「性の商品化」に象徴される大人社会の影響が働いていると考えられる。第四に、中期児童期に位置づいていた発達課題――「同年代の者とやっていくことを学ぶ」や「良心、道徳心、価値尺度を発達させる」、「個人としての自律を達成する」、「社会集団や社会制度に対する態度を発達させる」など民主主義社会に参加する諸能力の獲得――が未達成なまま青年期を迎えている。

こうした事情は、子どもたちが青年前期である思春期を生きる上でさまざまな困難をもたらしている。やや先取りすることになるが、思春期の自己形成は児童期の発達課題と青年期の発達課題とを同時に取り込んで達成せざるをえないと言えよう。男性ないし女性としての身体を上手に受け入れること、仲間と協力して集団活動できること、ローンの仕組みなど社会事象を理解できることなど、思春期の発達課題は広くまた重いものとなっている。

3　子どもの社会認識と自己形成

(1)　子どもの社会認識の発達

本節では、筆者の行ってきた「子どもの社会認識の発達」に関する研究［田丸、1993］に基づいて、九歳から一〇歳頃の発達的変化の特徴について自己形成の視点から論じる。個人と社会とが不可分の関係にあるように、自己認識と社会認識とも不可分の関係にある。思春期ともなると子どもは、自己の現実の姿やあるべき姿について考えるのだが、そうした自己認識の有り様は彼らの社会認識の発達によって制約されている。家族を超えて社会を想像できないうちは、自己認識についてもその範囲を超えることはない。社会認識が仲間関係に広がるとき、自己についても仲間の中に位置づけたり、友だちと比べながら自己を知ることができるようになる。「自分は何のために生きるのか」というように社会的存在としての自己について考えるためには、社会一般について表象しうる能力が必要である。

第一に、店でお菓子を買ったときやバスに乗ったとき、どうしてお金を払うのかを調べてきた。その結果、材料費や生活費などの必要経費などを指摘する者は小学校高学年になってはじめて多く見られること、それまでは、「おつりのため」しか思い浮かびにくいことなどがわかった。第二に、どうしてバナナよりスイカの方が値段が高いのか、どうしてボールペンより腕時計の方が値段が高いのかなど、子どもの価格理解について調べてきた。

その結果、小学生では、「大きい」とか「おいしい」あるいは「便利」というような物にまつわる特性を理由にあげる者がほとんどであった。小学六年生でも主として生産費や需給関係などで社会的に説明する者の割合は20％台であった。多少とも社会的説明を持ち出す者を加えてもその割合は五割程度であった。

社会事象は、物と物との関係の背後に人と人との関係を発見することによってはじめて理解可能な事象である。価格の背後に人間の労働が存在することを想像できなければならない。カテゴリー的な思考がそれを可能にするわけだが、一〇歳以前の子どもはそれを十分駆使できる能力を習得していない。少なくとも社会認識についてはそう言える。社会的経験に基づきながらカテゴリー的に思考できる年齢である思春期をもって、子どもは社会全体について考えることができる。そのとき、社会全体という他者に対応する全体として自己の統一という課題が始まる。社会全体のあり方と自己のあり方とに対する問いも生まれる。従って、社会がどうあるべきかという問いは、自己がどうあるべきかという問いと同等である。

(2) 子どものプライバシーの発達

社会認識の発達は社会を客観化するだけではなく、パブリックな世界に対するプライベートな世界の発見をもたらす。逆に、秘密をもつということがプライバシーの意識の発達をもたらし、パブリックな世界を認識できるようになるとも言える。そして、こうした公私の区別しながら、二つの世界を生きる自己の同一性を持続できるところに思春期の自己形成の一つの核心がある。そうした発達課題に立ち向かうために、児童期の子どもはどのような発達を遂げているのだろうか。

幼児から小学生に対し、「知られたくないこと」をたずねた研究がある［田丸・井戸垣・志満津、2000］。**表3**はそれを示したものであるが、知られたくないことが年齢を追うごとに、「おやつを食べた」、「忘れ物をした」などの外面的な出来事から「友だちとけんか」、「好きな人のこと」など内面的な出来事に変化していく様子が見て取れる。秘密のノートを見せてと言われた時どうするかをたずねたところ、「見せない」とする回答が年齢とともに増加することが示された（**図5**）。また、「見せて」という相手が母親の場合と友だちの場合とでは、低年齢のうちは見せない割合が友だちの方が高く、母親に対して自己を開示する傾向が見られるが、小学六年生はそれが同じ割合となる。さらに、「見せない」と回答した子どもにその理解をたずねたところ、幼児から小学四年生までは、「イヤな感じがするから」や「恥ずかしいから」など感情的な理由が多く見られるが、小学六年生では「親にも知られたくないことがあるから」や「お母さんでも自分の秘密があるし、だから私にもちゃんと秘密があるから」というようにプライバシーの権利（内面の自由）につながる主張が理由の多数を占めるようになった（母親が相手の場合64％）。

しかし、自分の母親はきっと見てしまうに違いないという事実認識と、母親といえども見せないでよいという権利認識とを区別することはなかなか困難な課題でもある。母子一体化しやすいと言われる今日の状況下で、プライバシーの発達を達成するには、道徳性の発達も含む心理的発達が必要となる［田丸・井戸垣、2001］が、それは思春期の重要な発

表3　知られたくないこと

質問項目	幼児	2年	4年	6年	合計	
ごはんの前におやつをたくさん食べてしまったこと	12 (80)	10 (83)	1 (11)	4 (21)	27 (49)	人 (%)
忘れ物をしてしまったこと	9 (60)	6 (50)	1 (11)	2 (11)	18 (33)	
仲良しの友だちとけんかをしてしまったこと	10 (67)	8 (67)	4 (44)	7 (37)	29 (53)	
好きな人のこと	9 (60)	9 (75)	8 (89)	16 (84)	42 (76)	

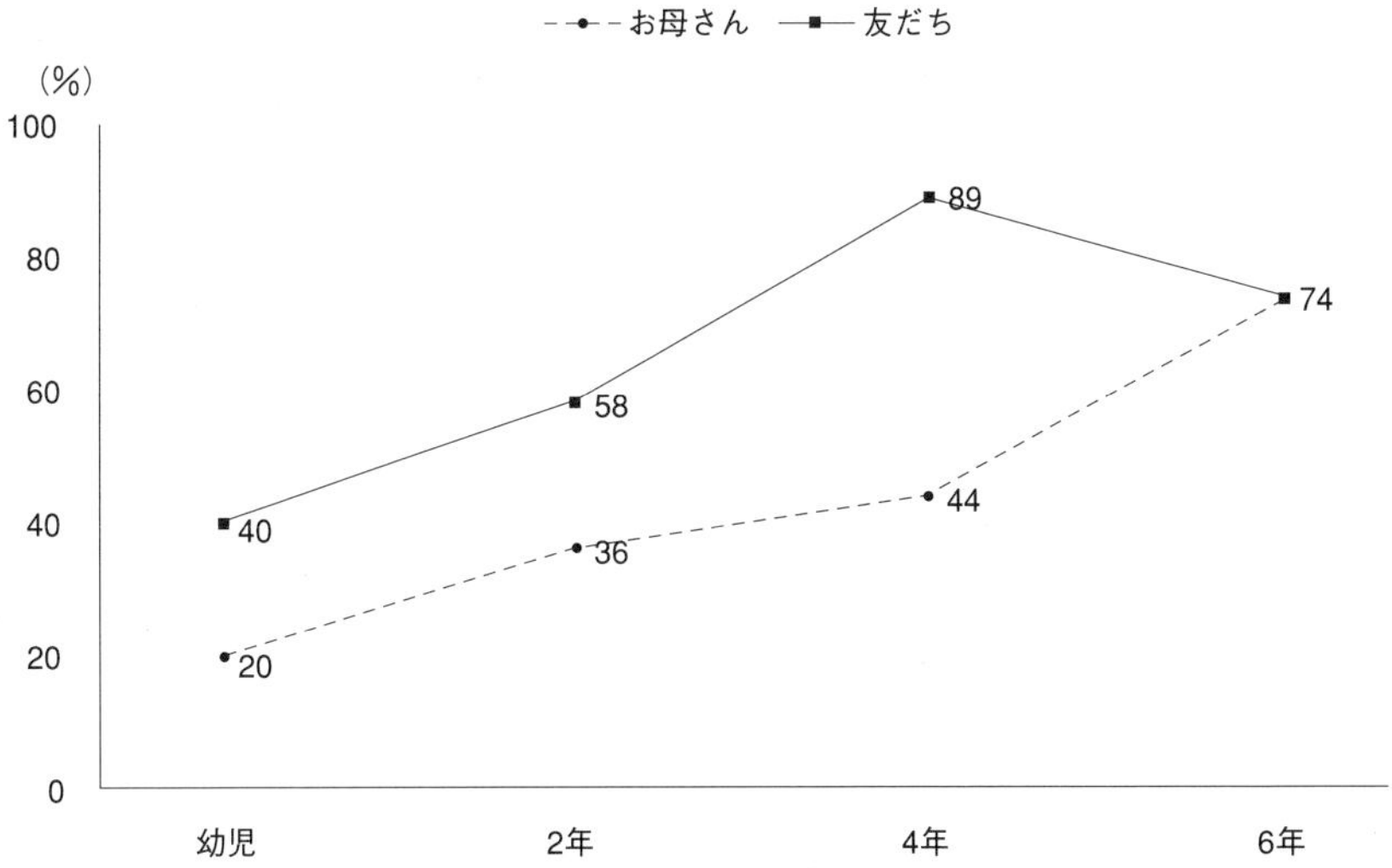

図5　「見せない」割合

達課題の一つであると言えよう。

4　自己形成の発達論

第1節では、自己の本質について「自己」の内と外から検討した。第2節では、社会認識とプライバシーの発達過程を示すことにより、思春期の「自己」に迫ろうとした。以上の議論を基に、本節では、現代における自己形成の具体的条件を探ってみたい。

(1)　子どもは大人になりたいか

あなたは早く大人になりたいですか?――子どもに問いかけると、我が国では肯定的な回答が少なく、否定的な回答が多い。しかも、高学年ほどその傾向が見られる。NHKの質問紙調査では、「そう思う」という回答は、小学六年生で22%、中学二年生で20%を示している[NHK放送世論研究所、1980]。筆者によるインタヴュー調査では、「早く大人になりたい」という肯定的な回答は、幼児では79%近くあったのが、年齢とともに低下し小学六年生では26%となっている[田丸、1993]。筆者の研究室では同様の質問を繰り返し行っているが、傾向に変わりはない。つまり、思春期を迎える頃には、「早く大人になりたい」と思う者は少数派で、多くは子どものままでいたいと言うのである。これはいったい何を意味しているのであろうか。「なりたくない」理由を分析してみると、多くの子どもたちは大人の労働のたいへんさを指摘している(「なりたい」理由では、お金が自由に使えることや勉強から逃れられることがあげられる）。大人が魅力的な存在でないとしたら、子どもたちは成長を望まない思春期を生きていることになる。しかも他方で、「大きくなったら何になりたいか」というような職業選択に関する問いかけは学校教育のなかで頻繁に行われ、「進路指導」が行われている。多くの子どもたちは、大人になりたくないのに、職業や進学希望校を表明させられていると言えるのではないだろうか。

(2) 地域社会の変貌と子どもの社会参加

大人が魅力的な存在でないために、思春期の子どもが発達課題を受け入れにくくなっているとするならば、大人が子どもからうらやましがられるような存在に変わらなければならない。もちろん、野球の「イチロー」やサッカーの「ヒデ」など、子どもにとってあこがれの人は現在もいるし、それを目指して努力している子どももいる。しかし、自殺者が毎年三万人を越える社会、中年男性の自殺者が増え続ける社会が、子どもに希望をもたらすはずもない。そうした意味で、大人が生き生きと生活できるようになることが子どもに対する責務でもある。

それと同時に、大人は子どもに児童期を保障する必要がある。かつて、筆者は子どもの三つの権利として、「子どもも人間であるという権利（人権）」および「子どもが大人を乗り越える権利（発達権）」とならんで「子どもは子どもであるという権利（子ども権）」を主張した［田丸、2000］。このうち、「子ども権」の保障は、ますます重要な課題である。子どもがサンマ（「空間」、「時間」、「仲間」という三つの間）を奪われたと言われるようになって久しいが、それに代わって商品化が急速に進行している。子どもの遊びを考えても、子どもが自由に使える「空間」も「時間」も「仲間」も地域社会から無くなり、それに代わって「商品」が進出している。テレビゲームやディズニーランドはその象徴であろう。子どもはお金を使って、サンマを購入しなければならないのである。しかし、お金を媒介にした社会参加は子どもらしい社会参加ではあるまい。

さらに、少子化が急速に進行するなかで、子どもが常に大人の監視下に入りやすい状態をもたらし、そのことが子どもの自由を奪う結果となっている。子どもは子どもどうしで群れてこそ子どもであると言え、またそうすることによって大人からの監視を逃れ子どもらしい独自の文化を所有し、その文化を子どもから子どもへと伝承できるのだが、どれだけ子どもの群れが生き残っているのだろうか。大人のルールが支配するスポーツクラブなどは、子どもたちの集まりではあっても子どもの群れとは言えない。なぜなら、集団の規律を生み出すものが子ども自身の必要からではなく、子どもの外側にある規則だからである。児童期は本来、群れや遊びを通してさまざまな個性をもつ他児と相互交渉することが可能な時期である。多様な他児を経験する中で、自らの内なる他者も多様となり、他者と対をなす自己もそれを反映して多価的パーソナリティーが形成される。子どもは自己の内に多様な能力や可能性を確信できるようになる。そして、自己規律を持って思春期を迎えるはずであった。しかし、現実はどうであろうか。

私たちは、現代の子どもたちが思春期を生きるにあたってさまざまな困難を抱えていると考えている。その具体的内容は本書の各章で明らかにされることとなるが、本章を結ぶにあたって、そうした子どもたちの思春期の自己形成を応援するために、大人社会が取り組むべき課題をあげておきたい。

①　子どもの権利（生存・保護・発達・参加）の実現

子どもの権利条約（一九八九年・国連採択、一九九四年・日本批准）が示しているように、子どもの生存・保護・発達・参加という四つの領域にわたって子どもの権利の実現をはかることが大人社会が取り組むべき課題のひとつである。思春期の子どもたちに出回っている覚醒剤や彼らが口にする食品添加物、いまだに残存するアスベストは、子どもたちの生存権を脅かしていると言えないだろうか。虐待を受けている子どもを保護することはもちろんのこと、国連子どもの権利委員会から勧告された「競争の激しい教育制度が同国に存在すること、ならびにその結果として子どもの身体的および精神的健康に悪影響が生じている」状態の改善は引き続き緊急の課題であろう［子どもの権利条約ネットワーク、1998］。人類の文化遺産を享受するための諸能力の発達、さまざまな文化的手段を通じての自己表現能力の発達、互いの個性を認め合いながら協力できる社会性や人格の発達は、すべての子どもたちに保障される必要がある。さらに、子どもに関わる施策や取組に参加し意見表明する機会を設けることは常態化される必要があろう。

②　子ども文化の創造

大人は子ども文化の形成に積極的に関わっている。テレビは、ヒーローやヒロインを次々と生み出し、子どもの憧れの的となってきた。ポピュラーソングは子どもたちを魅惑している。さらに、「ハリーポッター」のような文学作品は子どもたちに読書ブームを引き起こしている。「千と千尋の神隠し」のようなアニメ映画は友達同士であるいは親子で鑑賞する文化を創り出している。こうした作品は、思春期の子どもたちが人生や社会について深く考えるきっかけを作っている。しかし、アニメにしても小説にしても、良心的制作に対する支援はあまりにも乏しい。将来こうした分野で活躍できる人をどのように育成し、その活動と生活を保障するかは社会的な課題である。

最近の携帯電話は、高校生などの思春期の子どもたちをターゲットとして、大人が開発した商品でもある。これにより「ケータイ」文化が子どもたちの間に広がり、彼らにメールで連絡を取り合うという独特のコミュニケーション能力を形成した。商品開発において子どもたちが参加することもあった。しかし、商品開発は利潤追求の目的下におかれているので、電磁波などの安全性も不確かなままであること、「常に誰かとつながっていないと不安な心理」が作り出されていることなど、心配な材料も残されている。

子ども文化といえば、遊び文化を除くことはできまい。これは、大人が子どものために作る文化ではなく、子どもが大人から離れて作り出す文化である。そのため、遊びには地域性があり、同じような遊びでも地域に根ざし地域にあった形で発展してきた。「あぶくったたった」のような伝承遊びでも、そのような地域ごとの違いが見られるのはそのためである。野球文化もそうであった。かつて、子どもたちはどんな狭い空き地も利用して、ゴロ野球、バント野球、手打ち野球などさまざまな種類の野球を作り出してきた。それが大人のプロ野球人気の基礎にあった。しかし、現在はその基礎が失われてしまった。遊びを伝えるには、現在のテレビのようなマスメディアは地域性を奪い画一性をもたらしやすいがゆえに限界がある。現代において地域文化を育てるためには、それに見合ったメディアの開発が必要である。これも重要な社会的課題であり、また研究課題でもある。

③ 子どもの社会参加

子どもの社会参加については、意見表明権との関連で問われることが多かった。子どもに関わることなのに、多くの施策が子どもの意見をほとんど聞かないまま取り組んできたからである。こうした個々の子どもによる大人社会への意見の申し立てが必要なことは当然である。それとともに、大人から自立した子ども集団の形成がいま求められている。子どもの言葉がわかるのは子どもであり、子どもの気持ちがわかるのも子ども同士である。従って、子ども集団の中でまずコミュニケーションがあり、子ども文化が生まれる。かつて児童期から思春期にかけて子どもたちは、合い言葉を交わしたり秘密基地に潜んだりして遊んだ。そこでは大人からの直接の干渉を逃れ、とりあえず子ども同士で考えてみる文化があった。何がいいことで何が悪いことなのか、何をすべきで何をすべきでないかなど議論し、掟を設け子ども自治を形成したのであった。その際、学校教育で指導された学級会や児童会・生徒会活動での自治の経験が生かされていた。学童保育や子ども会なども自治の経験を伝えている。大人社会は、子ども集団に対し、一定程度の距離を置きながら子どもを見守ることができなければならない。子ども集団が「群れ」から「仲間」、「自治集団」へと発展する中で、子どもは社会参加しながら自治能力を発達させる。子ども集団の発達と自己形成の発達との相互関連は、とりわけ重要な研究課題ではないか。

（田丸敏高）

引用・参考文献

Bowlby, J. 1977 The making and breaking of affectional bonds. *British Journal of Psychiatry*, 130, 201-210/421-431 ; reprinted 1979. New York : Methuen.（作田 勉（監訳）1981 『母子関係入門』星和書店）

Havighurst, J. R. 1953 *Human development and education*. New York: Longmans.（児玉憲典・飯塚裕子（訳）1997 『ハヴィガーストの発達課題と教育―生涯発達と人間形成―』川島書店）

子どもの権利条約ネットワーク（編） 1998 『学習子どもの権利条約』 日本評論社

孔子 1963 『論語』（金谷 治・訳注）岩波書店 55p.

NHK放送世論研究所（編） 1980 『日本の子どもたち』日本放送出版協会 89-93p.

Piaget, J. 1964 *Six etudes de psychologie*. Denoel.（滝沢武久（訳）1999 『思考の心理学』みすず書房）

田丸敏高 1993 『子どもの発達と社会認識』 法政出版

田丸敏高 2000 「子どもの権利と教育の課題―意見表明権の発達心理学的検討を通じて―」『鳥取大学教育地域科学部教育実践研究指導センター研究年報』 第9号 21-26p.

田丸敏高・井戸垣直美・志満津陽子 2000 「子どもの秘密と自我の発達」『鳥取大学教育地域科学

部紀要（教育・人文科学編）』第2巻第1号　1-19p.
田丸敏高・井戸垣直美　2001　「子どものプライバシーの発達と障害」『鳥取大学教育地域科学部教育実践研究指導センター研究年報』第10号　1-9p.
内海和雄　1994　「身体・運動能力の発育と発達」村越邦男（編）『子どもの発達段階と教育実践』あゆみ出版　31-44p.
Vygotsky, L.S.　1962　***Thought and language.***（1st edition : 1934）MIT Press.（柴田義松（訳）　2001　『思考と言語』新読書社）
Wallon, H.　1954　Kinesthesie et imagevisuelle du corps propre chez l'enfant. ***Bulletin de Psychologie,*** tome 7.（浜田寿美男（訳・編）1983『身体・自我・社会―子どものうけとる世界と子どもの働きかける世界―』ミネルヴァ書房）

第2章　バーチャルな世界における子どもの自己形成

1　はじめに

今の青年は、さまざまなメディアを使うことによって、広い世界を知り、見知らぬ人と交流することができるようになりました。自由が拡大したのです。しかし、テレビも電話もインターネットも、人間の機能を広げる手助けをしているだけです。そこで提供される世界も、人間が作ったものです。伝えたい、知りたいという気持ちが作り上げた世界なのです。青年はメディアの世界で混乱したり、取り込まれないために、幅広い社会認識に心がけ、現実の人間関係づくりからメディアの世界に入るべきです。

バーチャルな世界へ入るとき、今まではまず集団で入り、その後一人で入っていました。わかりやすい例は文字です。文字は紙の上につけたインクのしみにすぎません。本に「リンゴ」と書かれていても、そこに本物のリンゴは存在していません。インクのしみの形をどう読むか社会的に約束しているから、みんなが同じ読み方をしています。従って、学校で教師のもと勉強してきました。絵本も一人で読み始めるのではありません。保護者や保育士が読んでくれて、その後、絵本を読み始めます。昔話も人形劇も同じです。

世間では、子どもがひとりでにテレビを見ることができるようになると思われていますが、実は家族とともに、あるいは保育所・幼稚園や学校でみんないっしょに見るところからテレビ視聴は始まります。インターネットも学校で使い方を習ったと思います。集団の支えのもとでメディアの使い方、楽しみ方そして危険性を学べたのです。

ところが現代では、メディアを一人で体験する場面が増えました。テレビは自分専用のものを自分の部屋で見る個別視聴が増え、それにともなってチャンネルをひんぱんに切り替えて視聴するザッピング（Zapping）が当たり前になっています。インターネットも自分の部屋やネット・カフェであちらのページ、こちらのページとネットサーフィンしています。携帯電話は始めから一人で使うことを前提にしています。一人でメディアの混沌とした世界に直面しなければならなくなっています。

この章では、身近なメディアであるテレビを例に、メディアのありようがメディアと視聴者の相互関係で形成されること、メディアを規制するのは市民の責任であること、そしてメディアの使い手として自己形成してゆくことについて述べてゆきます。

2　テレビと青少年

(1)　テレビメディアと視聴者の相互作用——青年も映像を見間違える時代——

バーチャルなメディアとして代表的なものはテレビである。かつて、テレビは簡単で頭を使わないので、見ると馬鹿になると言われてきた。ところが現代においてはその映像技術が進歩したため、青少年も映像を現実のものと間違うようになってきている。

若い人がコンピュータグラフィクス（C.G.）を見て混乱するという例を紹介する。SMAPの木村拓哉さんが、ある栄養飲料を飲んでから後ろ宙返りするコマーシャルがあった。ふだんの立っている姿勢から、反動をつけず急に後ろ宙返りをするこのコマーシャルを見たファンクラブの人は、「さすが、スマップだ。よく鍛えられている」と言う人と、「いや、あれはC.G.で描いたものだ」という人に分かれたそうである。

もちろん反動もつけずに宙返りはできないのだから、このコマーシャルはC.G.で描かれたものである。スマップのファンということなので、ファンクラブには若い人が多いのだと思われるが、それでもC.G.であることを見抜けなかったのである。

もうひとつの例はある缶チューハイのコマーシャルである。俳優のユースケ・サンタマリアさんが、東京オリンピックの体操選手と合成されて映し出されていた。体操の跳馬のフィニッシュで着地に成功したユースケ・サンタマリアさんが、仲間と肩を抱きあって喜び、ぐっと缶チューハイを飲むという内容である。このコマーシャルでは、東京オリンピックの本当の映像を使い、顔の部分だけをユースケ・サンタマリアさんの顔と取り替えていた。合成した箇所だけ色が濃く、くっきり見えていたにもかかわらず、ファンクラブには「ユースケ・サンタマリアさんは、見かけは痩せているけれど、本当は筋肉質で運動神経抜群の人なんですか」という問い合わせがきたそうである。

若い人たちは、週刊誌やネットでテレビの情報を集め会話の話題にする、ある意味テレビについてもっとも詳しい人たちである。その人たちですらテレビでの映像を見間違う。発達途上の子どもやテレビ情報に疎い高齢者が間違っても不思議でない時代になっていると言えるだろう。

実は、C.G.が一番活用されているのは、ビールの泡立ちや水滴、ラーメンの湯気、シャンプーの宣伝で髪がサラサラとながれる場面などといった、細かい描写である。またバーチャルコマーシャルという、その場に存在しない看板を画面に書き込む方法もある。すでに「現実の映像が正しく、バーチャルな映像はウソである」という区分や概念は通用しなくなっていると言っていいだろう。私たちは、事実を見ているのではなく、人間が作り上げた映像を見ているととらえるべきなのである。

(2) テレビの見方の変化

視聴者のテレビの見方も変化している。リモコンでチャンネルをカチャカチャ替えながらテレビを見るザッピング（Zapping）という視聴が当たり前になってきた。

① ザッピングの実態

ザッピングの実態を調査した松本［1998］は、大学生七名を対象に、地上波を中心とした少チャンネル群とケーブルTV群に分けて比較した。

a．一時間あたりのザッピング回数

ザッピングする回数は非常に多く、また個人差が大きい。**表1**に一時間あたりのザッピ

表1　1時間あたりのザッピング回数

		1日目	2日目	平均
少チャンネル群	学生1	47.2	31.4	37.3
	学生2	10.6	20.5	13.4
	学生3	4.7	3.9	4.4
	学生4	12.2	9.6	11.4
	平均	16.1	19.2	19.4
ケーブルテレビ群	学生5	9.9	8.6	9.3
	学生6	64.0	5.2	21.2
	学生7	12.9	8.1	9.3
	平均	22.1	7.2	12.9
全体平均		17.9	13.5	16.8

ング回数を示す。一時間あたり三・九回しか替えない人もいれば、六四回替える人もいる。一時間あたりの平均は一六・八回と多かった。

群差を見ると、少チャンネル群は一九・四回、ケーブルTV群は一二・九回である。ケーブルTV群はチャンネル数が多いにもかかわらず、ザッピングが少ないという結果になった。つまり、チャンネルが多かろうが少なかろうが、ザッピングはたくさん行われているのである。

b. CMがきっかけは24%

ザッピングはコマーシャルがきっかけになると考えられていたが、調査の結果、それは全体の24%だった。CMは確かにきっかけになっているとは言えるが、番組の最中にチャンネルを替える割合の方が圧倒的に多いことがわかった。

c. チャンネルのすばやい切り替え

あるチャンネルに留まっている時間を滞在視聴時間という（インターネット放送ではステイ（Stay）という用語を使用する）。滞在視聴時間の中で、もっとも短い滞在視聴時間を最短滞在視聴時間と名づけ、どの程度の速さでチャンネルを替えるのか調べた結果を**表2**に示す。

どの被験者も、一秒から三秒という非常に短い時間で、そのチャンネルを見るかどうか判断しているようである。学生6の最短滞在視聴時間〇秒とは、何度計測しても一秒に満たなかったため、〇秒とした。西部劇のガンマンのような速さでチャンネルを替えていることがわかる。

表2　最短滞在視聴時間（秒）

		1日目	2日目
少チャンネル群	学生1	1	1
	学生2	1	1
	学生3	1	2
	学生4	1	2
ケーブルテレビ群	学生5	2	2
	学生6	0	1
	学生7	3	2

今の青少年は、「セサミストリート」（NHK教育）や「ポンキッキーズ」、「ウゴウゴルーガ」（フジテレビ）など見て育った世代である。これらの番組は番組構成の単位（セグメント）が短く、刺激が強く、繰り返しが多い番組であった。青少年は、画面がすばやく切り替わり、早口で話す番組にさらされて育ってきたと言える。

ザッピングが上達すると、二つのチャンネルを同時に見ることができるようになる。見たい番組と裏番組を交互に見る視聴方法で、フリッピング（Flipping）という。ドラマを見ながらバラエティー番組を見るのである。中には四番組を同時視聴できるという青年もいる。

このようにテレビの見方は、大きく変化した。一時間番組をはじめから終わりまで見るという時代ではない。このようなテレビ視聴は、青少年にどのような影響を与えているのだろうか。落ち着きがない、最後まで話が聞けない、根気がないといった性格に影響はないのであろうか。テレビというと性や暴力の影響ばかりが問題にされてしまう。だが、テレビの見方、視聴スタイルが形成する影響も考えなければならないだろう。

③　ザッピングに対する放送局の対応

放送局も視聴者のテレビの見方が変化したことを把握しており、視聴者に番組を見てもらうために、いろいろな対策を立ててきた。その対策はザッピングを防ぐ対策とザッピングする人を捕まえる対策に分けられる。

a．ザッピングを防ぐ対策

視聴者は放送を長く見てくれず、長いコーナーは、飽きられてザッピングされやすい。

そこで一コーナーあたりの時間を短くし、視聴者を飽きさせないよう、人気コーナーを短く区切って、番組内へ散らばすなどの工夫をしている。

ザッピング対策でもっとも多いのは、CMの入れ方を変化させる方法である。

・CM後の番組予告をする　CMに入る前に、CM後の番組内容を少し見せて、関心をもたせる方法。「このあと（何秒後）、～が衝撃発言！」というテロップの場合もある。

・CMの前後で別のコーナーを放送する　CMが終わった後、前のコーナーの続きを映さず、まったく別の内容のコーナーをはさみ、その後、元のコーナーの続きにつなげるという方法。

・話の途中に、CMを入れる　以前は、コーナーが終わると、クイズ番組でも答えが出てからCMになっていた。ところがこの数年、コーナーの途中にCMが入るようになり、ひどいときには発言の途中にCMを入れるようになった。「実は、その時～」や「私の好きな人は～」といったところでCMに入るのである。視聴者を驚かせると同時に、続きを聞きたいという気持ちを起こさせる入れ方である。

これ以外にも、CMなしで番組を始めることも珍しくない。オープニングを入れず、いきなり番組を始めるのである。これは特に、保護者に嫌われる番組で多く使われる。気づかれないうちに、番組を始めてしまうのである。最近の番組では、オープニングテーマソングや役者の名前が紹介されるロールは、開始から一五分ほどしないと出てこなくなった。十分に視聴者を引きつけてから、オープニングを入れるのである。

b. ザッピングする人を捕まえる対策

どうせザッピングされるのだから、ザッピングする人を捕まえようという作り方である。

「ダイジェスト」　ＣＭの時間にザッピングしてきた視聴者に、ＣＭ前の内容をダイジェストして見せ、番組についてこられるようにする方法。ザッピングする人には便利だが、まじめに見ている視聴者は、巻き戻して、繰り返しばかり見せられることになる。

「八時またぎ」　他局がＣＭに入ったり、あるいは番組が終わりかけて、そろそろザッピングが始まるころに番組を開始し、ザッピングする視聴者を引きつける方法。ザッピングする人はおもしろそうな番組を求めてチャンネルを切り替えている。そこで番組を七時五七分から開始するのである。八時をまたぐためこう言われている。ただ、今では、七時またぎも九時またぎもあるので、珍しい始まり方ではなくなった。

「アイ・キャチャー」　ザッピングをひんぱんにする視聴者は、一瞬で番組の性格を判断している。ザッピング中の人を捕まえるには、目を引く作りにすればいいのである。ザッピングをしていると、暗い画面よりは明るい画面でザッピングの手が止まる。そこで明るい光を当て、背景のセットを明るい色にし、光る物を置くなどの工夫をする。今のテレビでは、出演者の背景にはいろいろな物が置かれており、明るい雰囲気を演出するために、拍手や笑い声、「オー」という歓声も、よく使われている。

また、動きのある画面でもザッピングの手は止まる。動かす必要のないところでカメラを動かす、背景に動くオブジェ——熱帯魚や泡などの動きのある物——を置くなどする。Ｃ.Ｇ.キャラクターの場合もある。

文字（テロップ）もよく使われる。テロップが画面の横から入ってくるだけで、画面に動きがつくので目を引きつける。ところが最近では、テロップにマンガの怒りマーク「ﾒﾒ」をつけたり、ホラー文字などのフォントを使ったり、テロップが途中でガクッと右下に傾いたりする。テロップを感情表現の手段として使っているのである。

はたして、これらの対策は、何をもたらしたのだろうか。今のテレビは、画面に落ち着きがなく、コーナーは短く、番組構成が複雑になり、視聴者にとって見づらいものになっている。青少年であっても「テレビを見ると疲れる」時代になった。ザッピングという視聴者の見方の変化が、テレビ局の対策を引き起こし、その対策が、更なる視聴者のザッピングを引き起こすという状態になっている。視聴者とテレビ局の相互作用が、今のテレビの現状を生み出しているのである。

今後、テレビは多チャンネル化が進み、そして一人一人がバラバラにテレビを見る個別視聴が進んでいく。テレビの内容をますます誤解しやすい環境になり、集団による修正が難しくなってきている。間違いを起こさせない、あるいは間違いを修正する新たな青少年のテレビ視聴対策が必要になっている。

3　自主規制——メディアをコントロールする——

テレビほど自主規制が成果を上げたメディアはない。二〇〇〇年から視聴者の声をもとに放送局と第三者機関が、性や暴力描写を抑えている。間違いを起こさせない対策として、ネットやゲームなど他のメディアの手本になると言えるだろう。

(1)　青少年の時間帯の設定

日本民間放送連盟は、一九九九年六月一七日「『青少年と放送』問題への対応策」を決定した。具体的には、以下の通りである。

・一七時から二一時に放送する番組は、児童および青少年の視聴に十分配慮すること。
・青少年の知識や理解力を高め、情操を豊かにする番組を週三時間は放送すること。
・民放テレビ各系列とＮＨＫの輪番により、青少年向け、あるいは青少年について考えるシリーズ番組を制作、放送すること。

また二〇〇〇年四月には、放送界の第三者機関である「放送と青少年に関する委員会」が設立された。視聴者の苦情に基づいて、それを放送局へ伝え、回答を公表し、場合によっては意見を表明する権限を持つ委員会である。

この委員会は二〇〇〇年一一月に「バラエティー系番組に対する見解」を発表し、『めちゃ×2いけてるっ！』『オネプ！』の二番組を取り上げ、このうち『めちゃ×2いけてるっ！』の「しりとり侍」のコーナーは、しりとりを間違えた人が罰として野武士集団に棒で殴られる表現が、暴力的でいじめを肯定していると指摘された。『オネプ！』の「ネプ投げ」のコーナーでは、ふんどし姿の男性がスカートをはいた女性を巴投げで投げ、落ちてくるところをカメラで撮影しており、指摘を受けたコーナーは打ち切られた。その後、『ガチンコ』（ＴＢＳ）の「ガチンコファイトクラブ」などの暴力的コーナーを初め、血液型性格診断や占いなど非科学的番組はなくなった。

このように市民が苦情や意見を言い、それをもとに番組制作者と第三者機関が話し合って俗悪な番組はなくせるようになった。この委員会が作られるまで、俗悪番組の放送終了はタレントやスタッフなどの関係者が不祥事を起こして批判を浴び「自粛する」という、番組内容とは無関係な問題によるものであった。現在は第三者機関が、視聴者が何に怒り、何を変えてほしいかをまとめ放送局へ伝え、そしてそれに対する放送局の見解を公表し、ふたたび市民の声を集める、というプロセスを取っている。市民の批判によって俗悪番組がなくなるというのは、プロセスとして明確であり納得ができると言えるだろう。番組の質のコントロールは、政府に任せなくとも、自主的にできるのである。

(2) 自主規制の効果

「青少年の時間帯」設定後、以前に比べると暴力も減り、表現も間接的になっている。ドラマやアニメの殺人では、ナイフが体に刺さるシーンを見せなくなった。崖からつき落として殺すシーンでも、以前は人を押す姿を見せていたが、今は見せない。首が切られるシーンもネックレスが地面に落ちることで表現されている。以前のテレビが人の殺し方、人が死にいたる過程を細かく描いていたのとは大きな違いである。

では実際に、暴力の描かれる数はどうなっているのか。また二一時以降の番組が大人向けになったことで、二一時以後の暴力描写が増えてはいないだろうか。岩男［2000］はドラマの中の暴力を一九七七年から一九九四年という長期にわたって分析した。豊島［2001］

は「青少年の時間帯」が設定された後の二〇〇〇年を、笠松［2002］は二〇〇一年を分析した。**表3**にこの三つのデータをまとめてみる。

岩男のデータを見ると、一九八三年に一時増えているが、それを除けば、一九七七年から一九九四年まで一番組あたりの暴力描写数の平均も一時間あたりの平均も大きな変動はない。一番組あたりの平均は五・〇個、一時間あたりの平均は八・一個である。自主規制が始まると、一番組あたりの平均は五・〇個から、二〇〇〇年には三・八個、二〇〇一年には二・三個、二〇〇二年には三・六個と減っている。一時間あたり平均も八・一個から、二〇〇〇年は四・五個、二〇〇一年には二・四個、二〇〇二年は三・六個と減っている。

それでは、夜二一時前後ではどうなのであろうか、前述の豊島［2001］、笠松［2002］のデータをまとめ**表4**に示した。二一時前の番組平均における暴力描写数は七・一個から五・一個へ低下している。二一時以前は、アニメなどの三〇分番組が多いため番組あたりの暴力描写数は多く出てしまうが、それでも、規制前は一時間あたりの平均が八・一個だったのだから、減少したといえるだろう。二一時以後も三・七個から二・六個と減少している。二一時以降が、性表現や暴力で野放しになるのではないかという危惧も杞憂であったといえる。

全般的に見て、民間放送の自主規制は暴力描写を減らしていると言える。ストーリーに不要な暴力描写を減らし、表現も間接的になっている。民間放送の努力は認めるべきである。その後、「青少年と放送に関する委員会」は、放送による人権侵害に対応する委員会とともに窓口を一本化しＢＰＯ（放送倫理・番組向上委員会）となり、より苦情を伝えや

表３　番組平均、１時間平均の暴力数の変化

	番組平均暴力数	１時間平均暴力数
1977年	4.5	7.8
1980年	4.4	7.5
1983年	6.7	12.3
1986年	4.2	6.1
1989年	5.2	7.6
1994年	5.0	7.0
2000年	3.8	4.5
2001年	2.3	2.4
2002年	3.6	3.6

（1977-1994年は岩男、2000年は豊島、2001・02年は笠松のデータ）

表４　「青少年の時間帯」設定の効果

	１時間平均暴力数		
	21時前	21時以降	平　均
2000年	7.1	3.7	4.5
2001年	2.6	2.3	2.4
2002年	5.1	2.6	3.6

すいシステムとなった。

今、私たちは自分たちの力で、自分たちのテレビ文化をコントロールできるようになったといえる。ただ、自主規制はゆるむものであることも考えなければならない。自主規制を維持するためにも、放送局の努力と、視聴者の批判や継続的なテレビ研究が必要なのである。

4　市民が発信する社会

(1)　メディア・リテラシー教育の取り組み

①　テレビの読み書き

テレビは映像情報の代表であり、私たちが最も接するメディアである。今後、映像情報の受信、発信はより多く行われることになる。従って、映像の読み書きは文字の読み書きと同様、基本的能力として必要になると考えられる。そこで、テレビなどメディアの読み書き、メディア・リテラシーを教えようという考え方が広まってきた。

②　教科書の変化

二〇〇二年から、小・中学校の国語教科書にニュース番組を作る授業が導入された。「ニュース番組を作ろう」、「ニュースキャスターになろう」という単元である。二〇〇五年の改定でも、とりあげる教科書は増えた。教える内容はまさに番組作りであり、まず、ニュース番組のコーナーの順序や時間配分を調べ、アナウンサーやキャスター、レポーターといった役割分担を気づかせる。そして、台本や構成表の例を見せ、構成表に基づいて自分たちのニュース番組を作るのである。小学校ではクラス内の発表会だが、中学校になるとビデオでとって、その画像を編集し校内放送することも薦められている。

一昔前、学校とテレビ局は対立する存在だった。学校はテレビを見てはいけないと指導する所であった。それが今では、情報は人が作ったものであり、ゆがみや意図があるということを教えるために、実際に番組を制作させ、情報の取捨選択やストーリーに沿って配置をする体験を持たせるまでになっている。

(2) 学校における番組作り

学校では、番組を作って校内放送したり、参観日に保護者に見せたりしている。学校の活動を紹介し、学校評価に使うところもある。

子どもは、映像作品の作り方が大変上手で、'Kid Witness News'のような国際コンテストも行われるようになった。生徒が制作した番組を組織的に集めて、県民に見てもらう試みも行われている。NHK福井放送局では、二〇〇〇年から福井大学と協力して児童・生徒が制作した映像作品を「発信マイスクール」というコーナーで毎週紹介し、県内の一三〇校が放送した。[福井大学、2005]。

東京大学情報学環のメルプロジェクトは、放送局と協力して、各地の学校がメディア・リテラシーに取り組むことを促進してきた。地方テレビ局の学校への協力や番組共同制作は、枚挙にいとまがないほど行われている。

小平［2006］は、全国から系統抽出した小学校四一〇校の教師一、一三〇名を対象にメディア利用とメディア観の調査を行い、メディア・リテラシーの取り組みの実態を調査した。その結果、小学六年生の担任で「メディア・リテラシー育成の取り組みを行っている」のは43.1％にのぼることが明らかになった。また、NHKの「キミが主役だ！放送体験クラブ」を知っている教師は五人に一人おり、4.4％が利用したことがあると回答した。民放の出前授業や制作体験プロジェクトも、16.4％の教師がその存在を知っており、1.9％が利用経験ありと回答している。

番組作りは、間接体験のメディアであるテレビを直接体験する学習である。また、作る過程で意見のぶつかり合いとその調整や役割分担という組織的行動が必要になり、作品を他人に見てもらい、評価してもらうことを目的としている。これらは今の青少年が苦手だといわれる内容をたくさん含んでいる、だが、ものづくりの面白さや、作品を見てもらう楽しさが上回るようである。自分たちで番組を作れば、テレビの裏側がわかりながらテレビを見ることができるようになる。テレビ視聴を個人の体験に留めずに、集団化するよい例と言えるだろう。

(3) 海外のメディア・リテラシー教育の動向

実は、このような動きは日本だけで起きているのではない。カナダやヨーロッパ、オーストラリアを始め、東アジアでもメディア・リテラシーへの取り組みが行われている。［坂本、2006]。

①　高校のカリキュラムに採用した香港

香港は、一九九七年に中国へ返還されるまでイギリスの植民地であり、そのため、アジアで最もメディア・リテラシー教育が進んだ地域である。二〇〇四年のカリキュラム改革により、メディア・リテラシー教育が高等学校の「通識」（Liberal Studies　教養教育）に位置づけられた。通識は、高校のコア・サブジェクト（全四科目、中国語、英語、数学、通識）の一つである。通識は、社会問題に対する生徒の関心を高め（Awareness）、知識や見解を広め（Broadening）、批判的思考を養う（Critical thinking）という三つの教育目標を掲げている。生徒のコミュニケーション能力、協調性、問題解決能力、分析力、批判的思考、創造力を養うための全人教育として、その教育的効果に大きな期待が寄せられている。

学校が独自に教科書を作ることができるため、自由度が高く、主体的・創造的な学習活動が可能になっている。政府は「優質教育基金」という助成金により教材開発を支援しており、その助成を利用してＮＰＯと学校が教科書を作っている。通識教育の強化が、学校教育におけるメディア・リテラシーの安定的な発展と制度化（例：必修化、大学入試化）を後押ししつつあると言える。

通識は中国の中にあっても、香港人としての意識を持つことを目標としている。この点は、カナダが、アメリカ合衆国の隣で独自性を保とうとするところからメディア・リテラシーが盛んになったことと似ている。

② 塾から始める北京

二〇〇五年に、北京大学ジャーナリズム・コミュニケーション学部にメディア教育センターターが作られた。陳昌鳳準教授を中心に、中学校の選択科目としてメディア・リテラシーを導入するための活動を行っている。中学校向け教科書を作り、現在審査中である。小学生向け教材の出版も計画されている。小学生を対象に、テレビで宣伝される飲み物と自分の好きな飲み物を比べさせ、コマーシャルが正しいとは限らないことを体験させるといった実験もしている。

メディア批判が国家批判につながりやすい国であるが、テレビの多チャンネル化が進み、コマーシャルが当たり前になり、インターネットやオンラインゲームにはまる青年も出ている。また不登校や引きこもりも生じている。ただ、これらの弊害がメディアのせいなのか、経済発展による格差のせいなのか、一人っ子政策のせいなのか判別できないのが現状なのである。

中国本土の教育は受験中心なため、まだ一般の学校教育に取り入れることができないでいる。そこで、北京大学は創造性教育をモットーとする民営学校（塾）と協力して、放課後と休日の授業にメディア・リテラシーを入れようとしている。北京の小・中学校では、放課後に課外授業が行われており、学校が行う無料の授業と塾が行う有料授業がある。塾が学校に講師を派遣する課外授業は、内容が多様である。一人っ子政策のもと、親の教育熱は高く、わが子が何でもできることを望んでいる。また、選択科目なので、メディア・リテラシーという新しい科目を入れやすい。北京では、一人っ子政策により児童数が減少してきており、学校が個性を出すことを求められている。課外授業や休日学校に、創造性教育や外国風の教育を入れる学校が出てくる可能性は高い。

大学と塾が協力して、メディア・リテラシーをビジネスとして行おうとしている。

③　社会教育中心の韓国

韓国は、教育が受験中心なため、学校はメディア・リテラシーへの関心が低い。国家の教育戦略によりＩＣＴ教育は熱心に取り組まれている。

しかし、日本と同様、インターネットや携帯電話の普及率が高く、その弊害が問題視されており、社会教育領域では政府が主導して多様で良質の教材が作られている。オンラインゲームやオンライン決済、ポップ・ミュージックの歌詞、歌手の肌の露出、アニメ、チャット掲示板など日本でも必要とされ、すぐ使える教材がある。多数の行政機関が、独自の立場から基礎研究や教育プログラムの開発、指導者の養成と派遣を行っている。今まで、政府機関同士、民間団体同士のつながりが弱く、学校との組織的つながりは希薄であったが、行政機関を統合して連携を強め始めた。

④　エンターテイメントのシンガポール

シンガポールは、ＩＣＴで有名な国である。しかし学校教育は、他のアジアの国と同じように受験中心であり、メディア・リテラシーには取り組んでいない国であった。

ところが、近年政府は“The Entertainment Capital of Asia”をスローガンに掲げ、シンガポールを世界的メディア都市に発展させようとしている。中継貿易で栄えたシンガポールであるが、現在では香港にその地位を奪われつつあり、金融・貿易から観光・エンターテイメントを中心にした国に変わろうとしている。

学校教育も二〇〇四年から"Teach Less. Learn More."をスローガンに、詰め込み教育からクリエイティブな教育へ方向転換しようとしている。メディア・リテラシーは、この流れの中に位置づけられている。

政府機関のＭＤＡ（Media Development Authority）がメディア・リテラシーを促進する中心となっている。ＭＤＡの主な活動は、メディア産業の育成と法的規制であるため、メディア・リテラシーのクリティカルな部分は弱く、日本のアニメや音楽、韓国のドラマを想定したコンテンツ産業の育成を目標にしている。

シンガポールは光ケーブルなどＩＣＴ基盤が整っており、コンピューターやインターネット利用率も高い。ふだんから使い慣れているので、作品制作に進みやすいという面がある。

以上のように国情によりまったく異なる取り組まれ方であるが、東アジアでもメディア・リテラシーは注目され実践されようになってきた。

5　市民の番組制作

(1)　大学の取り組み

小・中学校の変化は、大学教育にすぐに取り入れられた。メディア・リテラシー能力が児童・生徒だけでなく、大学生や市民にも必要なものであるので当然の流れであるといえる。

大学では、基礎教育で育てられた力を基に、学生の調査、主張、発信能力を発展させている。例えば茨城県では茨城大学、筑波大学、東京芸術大学の学生が番組を制作し、NHK水戸放送局から「熱血スタジオ」として月三回放送している。東京情報大学では毎週番組を制作しており、地域情報の担い手となっている。インターネット放送は、多くの大学が取り組んでおり、慶応大学、群馬大学、中京大学、金城学院大学などが行っている。老舗の東京工科大学にいたっては番組を毎日制作し放送している。小・中学校で育てた力は、大学に進んでより具体的で、実践的なものとして発展しているのである。

(2) 市民による番組作り――映像で発信する市民へ――

多チャンネル化にともない、地域おこし、住民参加、地域情報を地域へといったキーワードのもと、市民による番組作りと放送が各地のケーブルテレビやインターネットで取り組まれている。ノーチェックで放送するパブリック・アクセス（Public Access）も行われている。鳥取県米子市では中海CATVが一九八九年から行われ、年間一〇〇本以上の番組が制作されている。

福井県南条町では一九九九年から住民を特派員として、自由に番組を作っており、年間一〇〇本以上が制作されている。一般に、市民が作った番組は大テレビ局が作った番組に比べ見劣りがすると言われる。そこで笠松ら［2004］は、住民制作番組がどれくらい視聴されているかを調査した。その結果、88.5％が住民制作番組を見ており、「番組が変わるたびに見ている」が44.7％であった。地域で話題になることがあるかどうか尋ねたところ、80.7％が「ある」と回答した。住民制作番組は、地域に共通の話題をもたらし、コミュニケーションの材料になっていることがわかる。市民が、メディアを使ってマスコミとは異なる自分たちの文化を作り始めたのである。

すでに今の青少年は、メディアから情報を受けるだけの視聴者ではない。基礎教育を受けた制作者であり、発信者であり、将来の地域情報・地域文化の担い手なのである。メディアを使うことで、メディアは仮想から現実へ転化する。どのような現実を作りあげるかは、青少年にゆだねられているのである。

6　おわりに

バーチャルな世界は広がり、その楽しみ方も危険性も多様になっている。特に個人でメディアに接触する機会は今後、ますます増えてゆくであろう。しかしメディアは、所詮、人間の一面であり、人間の願望の現れである。メディアは、人間と相互作用をしながらその姿を変える鏡なのである。今まで市民は、マスメディアが流す情報を受け取るだけであり、「賢い視聴者」になることが教育の目的に掲げられていた。ところが、すでに、メディアは市民が自由に使えるものになっており、みんなで使い、みんなに見てもらう集団的交流の場になっている。メディア観を替えなければない時期になっているのである。

テレビは、マスメディアの代表である。学校では、番組制作の裏側を教え、メディアを使って表現する教育が取り組まれている。小学校高学年から、テレビ番組は人間が作っていることを教えており、番組作りの初歩も体験する。作ることでテレビの虚構性に対する認識を持たせ、同時にメディアで発信する方法と効果を知るのである。大学生や市民は、自己主張や地域づくりのためにケーブルテレビやインターネットを道具として使い始めた。

マスメディアを悪者にしておけばよい時代は終わった。バーチャルな世界も私たちの世界であり、私たちがその姿に責任を持たなければならないのである。

（村野井　均）

引用・参考文献

岩男壽美子　2000　『テレビドラマのメッセージ』　勁草書房

笠松寿史　2002　「テレビの暴力表現に対する自主規制の現状」　第24回北陸３県教育工学研究会富山大会　78-82p.

笠松寿史・村野井　均　2004　「住民制作番組が地域に与える影響と住民による評価」　『日本教育工学会　第20回全国大会発表論文集』　389-390p.

小平さち子　2006　「多様化する教師のメディア利用とメディア観―「小学校教師調査」から―」『放送研究と調査』　ＮＨＫ放送文化研究所　62-77p.

坂本　章　2006　「青少年団体におけるメディア・リテラシー教育の取組と家庭・学校・地域の連携～東アジアを中心に（第２期）～」　『平成一七年度文部科学省委託「青少年を取り巻く有害環境対策の推進」調査研究事業報告書』
豊島　藍・村野井　均　2001　「「青少年の時間帯」導入後の民間放送における暴力的映像」　日本教育心理学会第43回総会発表論文集　632p.
福井大学教育地域科学部附属教育実践総合センター・福井県視聴覚教育研究会・福井県教育工学研究会・ＮＨＫ福井放送局　2005　『みんなテレビディレクター　―「発信！マイスクール」放送100校記念報告書―』　福井大学教育地域科学部附属教育実践総合センター

第2部　学校教育と子どもの自己形成

第3章　学校教育のなかでの子どもの自己形成

1　はじめに

「一年生になったら、友だち百人できるかな」。毎年、四月が近くなると、元気な歌声がテレビから流れてきます。ピカピカの一年生、真新しいランドセル。そこかしこに、子どもたちの学校へ行くことへの喜びが溢れています。

その一方で、今の世の中には、学校に関するいろいろな問題が起こっています。不登校、いじめ、中退、学力低下、学級崩壊。あげていけば、切りがないぐらいです。子どもが学校へ行くことを楽しんでいた時代は、遠い過去のことになってしまったようにも感じられます。

昔から、学校は、知識や技術、技能などを身につけるための場所でした。学校へ行かなければ習得できないものも数多くありました。しかし、現代はテレビやインターネットなどの情報伝達手段が高度に発達した社会であり、学校以外の場所でも多くの情報を容易に手に入れることができるようになっています。

それでは、子どもが生きていく上で、学校はいらないものなのでしょうか。子どもは学校生活のなかで、大切なものを見出してはいないのでしょうか。本章では、学校とは何かということを改めて問い直してみたいと思います。そして、それを通して、現代の学校教育における子どもの自己形成の意味について考察したいと思います。

2　学校とはどういうところなのか

(1)　学校の成り立ち

学校（school）の語源は、ギリシャ語のスコーレ（scholē）である（ジーニアス英和大辞典）。スコーレは「余暇、討論」という意味を含み、討論や教育に使う余暇・自由時間を指していた。今では、学校という言葉は、制度としての学校や建物・施設としての学校、そこで行われる授業など、広い意味で用いられている。

一方、教育（education）の語源は、ラテン語のエデュカトュス（educatus）である（ジーニアス英和大辞典）。この単語の意味は、「能力を外に導き出すようにする」である。今では、「人間に他から意図をもって働きかけ、望ましい姿に変化させ、価値を実現する活動」（広辞苑）の意味で用いられる。

このように、「学校」や「教育」は、歴史的には古代ギリシア・ローマの時代にまで遡ることができる。その当時の教育は、奴隷を所有できるような貴族などの特権的階級に属する師弟が受けるものであった［三浦・長谷川、1984／森、2003］。文字どおり、「余暇」

を持つ余裕のある階層の子どもだけが、学校で学ぶことができたのである。

その後、中世において、長い間、子どもは「小さな大人」としてみなされていた［アリエス、1980］。この時代には、見習奉公による教育が支配的だった。学校における教育が子どもの形成に必要な手段であるとみなされるようになったのは、一八世紀に入ってからである［アリエス、1983］。一七七〇年には、イギリスで産業革命が始まった。大規模機械工業の発展にともない、多くの子どもが紡績工場などで長時間にわたり労働するようになった。鉱山労働に従事する子どもも少なくなかった。その一方で、日曜学校では、労働者階級の子どもに対する教育も行われていた［宮沢、1985］。一八三三年には工場法が作られ、年少労働者の労働時間が規定され、絹工場を除いて九歳以下の子どもの労働が禁止された。子どもの就学も義務づけられ、一四歳以下の子ども全員が、日曜を除く毎日二時間、学校に通うことが定められた［森、2003］。一八七〇年には初等教育法が制定され、五歳から一三歳までの子どもの教育が義務教育化され、主に「読み書き・算盤」の3R's（reading, writing, arithmetic）が施されるようになった。

このように、「学校」や「教育」は、最初のうち狭い範囲の限られた子どもを対象としていたが、社会の発展にしたがって、次第により広い範囲の子どもに対しても行われるようになったことがわかる。

(2) 近代以降の日本の学校

近世のわが国において、初等教育機関の役割を果たしていたのは寺子屋だった。寺子屋は、師匠が庶民の子どもに対して、手習い、素読、算盤、漢籍、謡曲、裁縫などを教える「学校」だった。ただし、そこには、学年・学級もなく、入学年齢もなかった。寺子屋において、子どもは社会生活に密着した事柄を身につけていった［石松・直江、1977］。

わが国で、「学校」や「教育」が社会的な制度として機能するのは、明治維新以降である。明治国家は教育機能を重視し、富国強兵策の一翼を担うものとして位置づけ、人材の育成を目指した。義務教育制度が開始されたのは一八七二（明治五）年だった。学制が敷かれ、全国民が小学校に就学するべきだとされた。一八八六（明治一九）年には、小学校令が出され、法制上、就学の義務が明確に定められた。その一方で、家事や家業の手伝いを含む児童労働は広範囲に存在していた。**表1**に示されたように、この時期は、就学率がまだ低く、学校教育の制度はまだ十分に根づかなかった。四年制の義務教育制度が本当に確立したのは明治末期になってからであり、一九〇七（明治四〇）年には、義務教育が六年制に延長された。

第二次世界大戦後の一九四七（昭和二二）年に、六・三制が実施され、小学校と中学校の義務教育制度が始まった。全ての子どもが九年間の学校教育を受けることになった。一九五五〜一九七三年の高度経済成長期に、わが国は欧米諸国が一〇〇年以上かかったような経済発展をきわめて短期間に成し遂げた。その時期、一方では、集団就職で多くの若者が、地方から都会へと労働者としてやってきた。他方では、国民所得の増大により家庭の経済力が向上し、教育への関心が高まっていった。文部科学省の学校基本調査から進学率・就職率の推移を見てみよう。**図1**から明らかなように、一九五〇年には42％だった高校

表1　学齢児童の就学率［仲・持田（編）、1979］

（%）

年度	男	女	計
1873（明治６）年	39.90	15.14	28.13
1875（明治８）年	50.80	18.72	35.43
1880（明治13）年	58.72	21.91	41.06
1890（明治23）年	65.14	31.13	48.93
1900（明治33）年	90.35	71.73	81.48
1910（明治43）年	98.83	97.38	98.14
1920（大正９）年	99.20	98.84	99.03
1930（昭和５）年	99.52	99.50	99.51
1940（昭和15）年	99.64	99.66	99.65

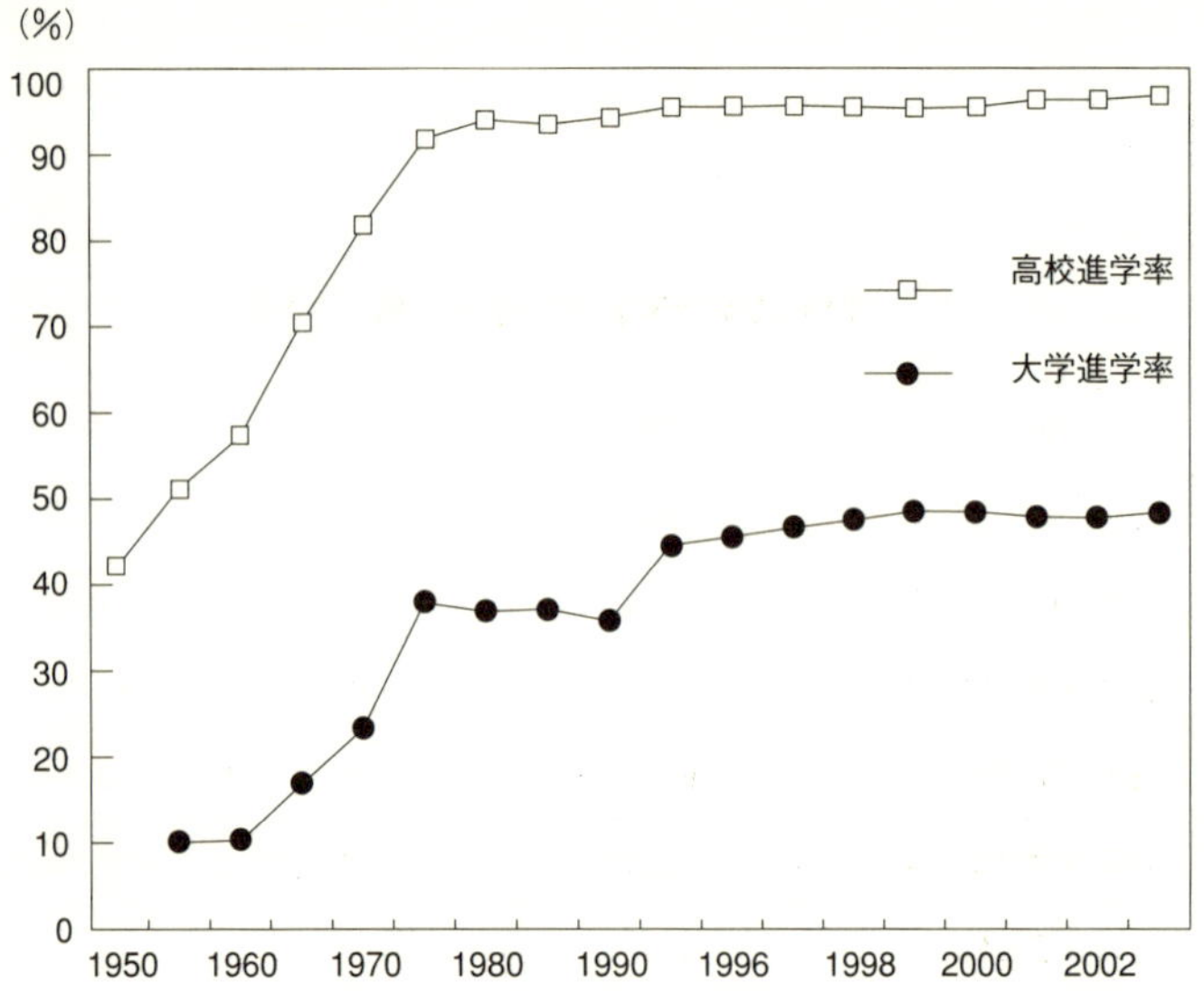

図 1　高校・大学への進学率

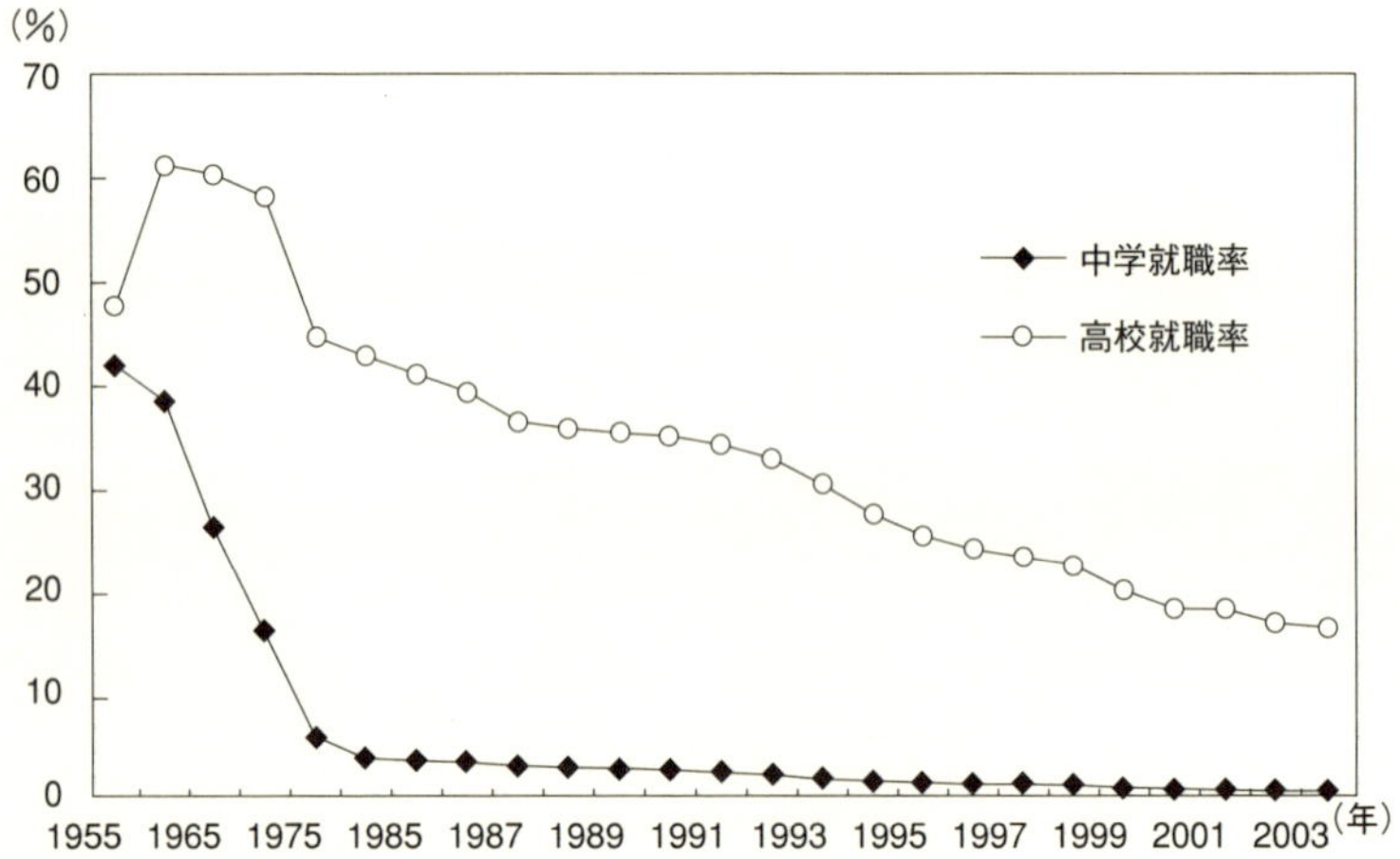

図 2　学卒者の就職率の変化

進学率は、一九六〇年代、一九七〇年代に急激に上昇し、95％にも達した。それと反比例するように、中学卒業者の就職率は減少していった（**図2**）。一方、大学進学率も同じように急激に上昇し、現在では50％近くに達している。専修学校（専門課程）を加えると、七割ぐらいが高等教育を受けるようになっている。高校卒業者の就職率も、減少の一途をたどり、最近では、10％台になっている。今やわが国は、高等教育機関への進学率が50％を超えるユニバーサル化段階を迎えている［京都大学高等教育研究開発推進センター、2003］。

教育内容も、戦前から戦後にかけて大きく変わってきた。戦前に重視された修身*は第二次世界大戦後に廃止された。一九四七年、アメリカ教育使節団の勧告によって学習指導要領*が作成され、その後、五回にわたって改訂が行われた。当初は、生活単元学習中心の教育だったが、戦前に比べて学力低下が問題となり、一九五八年には、教科内容を学問の体系に沿って構成した系統学習に改訂された。一九六九年の改訂では、一九六〇年代の「教育の現代化」をふまえて、新しい高度の内容を導入したが、そのことが「落ちこぼれ」の問題を生じる結果となった。そこで一九七七年に、ゆとりと充実を中心とした改訂を行い、内容の「精選」をはかった。一九八九年の改訂では、「個性に応じた教育」ということで、習熟度別学習などが導入されることになった。さらに、一九九八年の改訂では、完全学校五日制のもとで、子どもたちに「生きる力」を育成することが主なねらいとされた。教育内容が三割削減され、総合的な学習の時間が設けられた。しかし、学力の低下が社会的に問題にされると、二〇〇三年には、学習指導要領は教える最低ラインであり、発展的学習

修身
旧制の学校の教科の一つ。天皇への忠誠心の涵養を軸に、孝行・従順・勤勉などの徳目を教育した。

学習指導要領
学校において教育課程を編成するための基準となるもの。学校教育法施行規則には、「教育課程の基準として文部大臣が別に公示する学習指導要領による」とあり、小中高校の学習指導要領は国が定めることになっている。

も可能であると、方向修正された。二〇〇四年には、中教審が「ゆとり教育や総合的な学習の見直し」を求めるようになった。このように、戦後の教育は、「学力重視」と「ゆとり」という二つの軸の間を揺れ動きながら進んできたのである。

(3) 最近の日本の学校

近代以降、学校は国家による「統制」をさまざまな形で受けてきた。しかし、最近は、新自由主義政策のもとでの「自由化」が教育の現場にも入ってくるようになった。その結果、さまざまな「教育改革」が行われている。教育特区による中高一貫校や株式会社立の学校が創設されて話題を呼んでいる。東京都区内の公立小中学校でも、学校選択制が導入され、どのようにして学校の特色を打ち出して、児童生徒を集めるかが問題となっている。

その一方で、児童による学校内での殺人事件や卒業生による教師殺傷事件など、新聞記事をにぎわすような子どもの犯罪が起こり、社会的な問題となっている。「少年犯罪が低年齢化し、凶悪化している」という掛け声の下に、二〇〇一年四月には少年法が改正され、刑事罰対象年齢が「一六歳以上」から「一四歳以上」に引き下げられた。しかし、こうした「厳罰化」による犯罪防止に対しては、効果を疑問視する声も広く出されている［石井、2001／鮎川、2001］。

また、こうした社会を震撼させるような子どもの事件が起きるたびに、専門家による「心のケア」の必要性が強調される。小沢・中島［2004］によれば、「心理主義」が社会のなかに広く浸透している現代の日本においては、「心」さえモノ化してとらえられ、自分の悩みや苦しみについても自己解決が求められるために、専門家への依存が強まる。二〇〇二年には、小中学生に対して文部科学省から「心のノート」という冊子が配布され、「心の教育」が行われている。こうした教育が子どもの社会性を奪い、自己形成を阻むのではないかという疑問も出されている［三宅、2003］。

3　子どもの目には学校はどう映っているのか

(1)　学校から離れる子ども

図3に示したのは、文部科学省の学校基本調査にもとづく、小中学校における長期欠席児童生徒*の人数である。一九九〇年代以降、学校を欠席する子どもは漸増してきたが、小中学生ともに一九九八年をピークにして減少する傾向にある。しかし、小学生で六万二千人を超え、中学生では一三万一千人を超えている。そのうちで、病気や経済的理由などを除いた、いわゆる不登校の子どもは、小学生では二万四千人余り（38.8％）、中学生では十万二千人余り（77.9％）となっている。中学生になると、小学生のときに比べて四倍程度に不登校が増加していることがわかる。全国の小中学校の学校数・学級数で割って単純計算すると、小学校では一校あたり一人の不登校児童がおり、中学校では一校あたり一〇人、一学級あたり一人の不登校生徒がいるという計算になる。これだけ多くの学校に行けない子どもが何年にもわたって存在しているということは、構造的な問題がどこかにあると考

長期欠席児童生徒
年間で三〇日以上学校を欠席した児童生徒をさす（文部科学省）。一九九〇年までは、年間五〇日以上だった。長期欠席児童生徒数が、一九九一年に急激に増加しているのは、このためである。

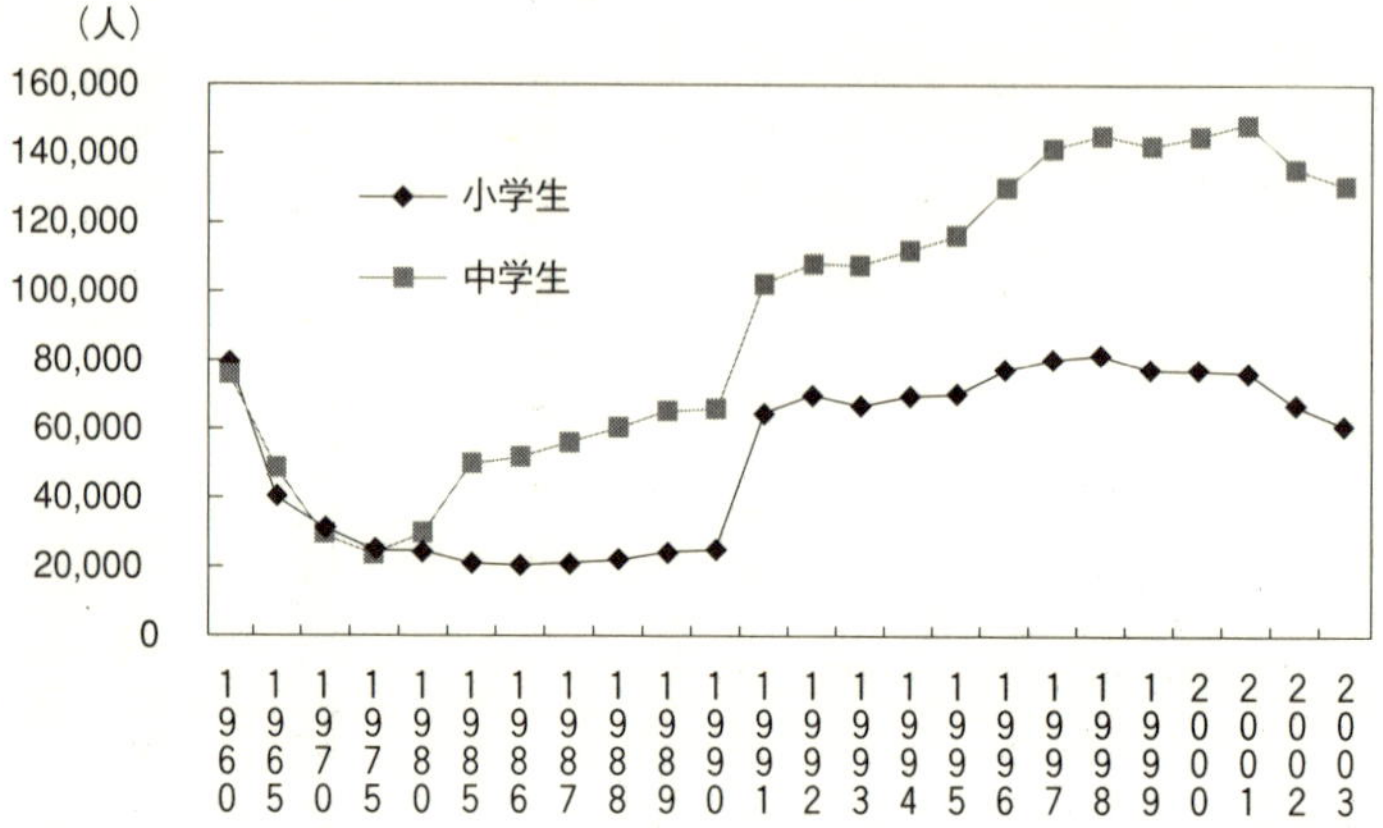

図３　長期欠席児童生徒数

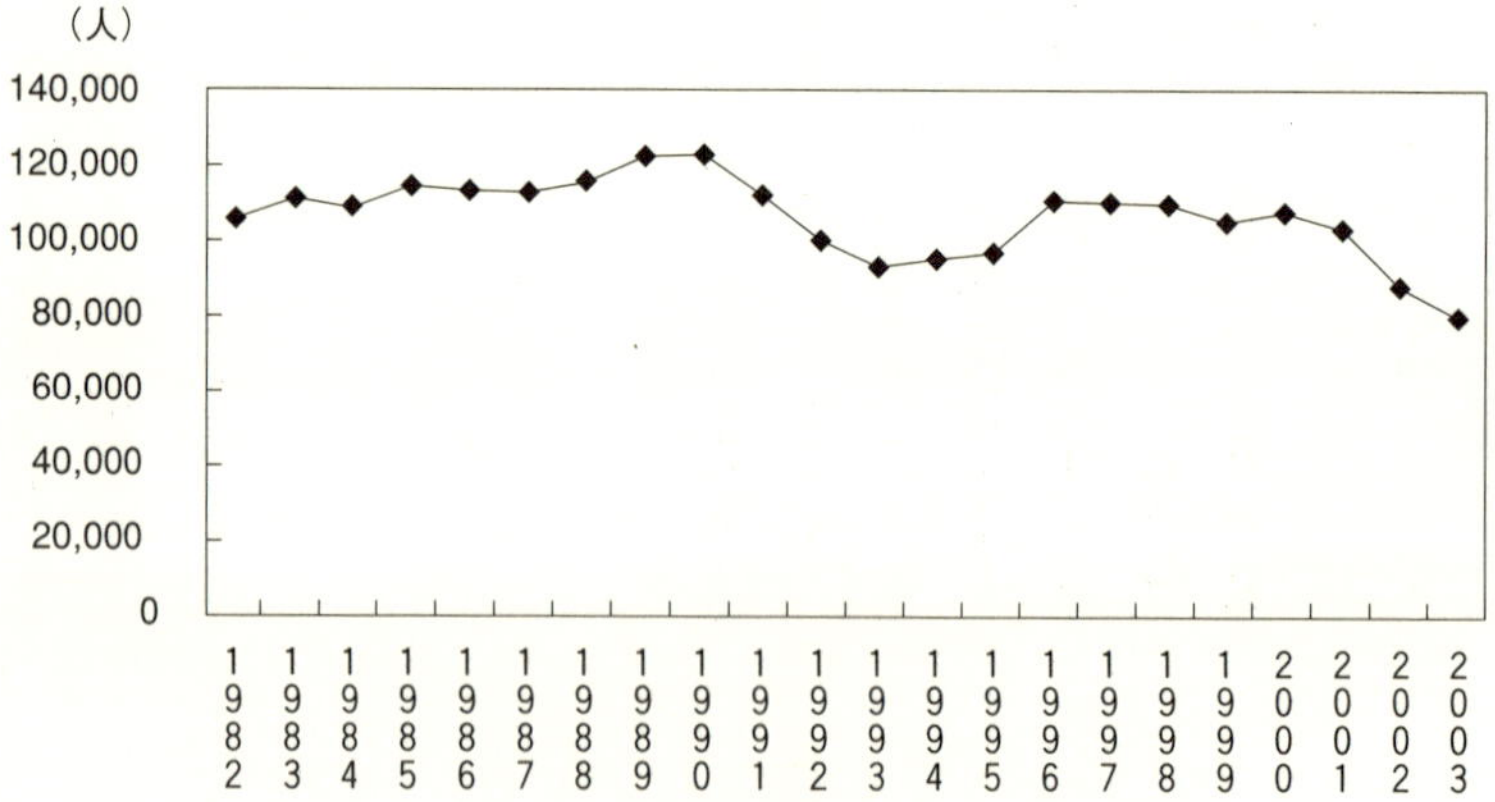

図４　高校中退者

えざるをえない。

図4には、高校中退者の人数を示してある。一九八〇年代以降、増減をくり返しながら一〇万人前後で推移してきた。最近では、一九九六年をピークに減少する傾向にある。二〇〇三年は約八万一千人であり、最も少ない人数になっている。ただし、中退率は2.2%であり、最も低かった一九九二～三年の1.9%をまだ上回っている。全日制・定時制・通信制の高校数（約五、五〇〇）と高校生数（約三九〇万）から一校あたりの生徒数を単純計算すると七一〇人になる。この数字を用いると、一年間に約一一五校の高校から生徒が全くいなくなってしまうという計算になる。

高校中退の理由は、「学校生活・学業への不適応」（37.5%）が最も多く、「進路変更」（35.3%）と合わせると七割を超える［文部科学省、2004a］。学業不振（6.5%）を含めて、進学した高校への興味を失い、別の高校への入学や進路を求める生徒が少なくないことがわかる。そうした子どものなかには、ニート*になっていく若者もいる。玄田・曲沼［2004］によれば、そうした無業の若者（一五～二四歳）は四〇万人にも達しているという。

(2) 学校のなかの人間関係

文部科学省［2004a］の調査によると、二〇〇三年度に公立の小中高校の児童生徒が起こした暴力行為は、学校内において三万一、二七八件、学校外において四、一一四件であり、学校内での暴力行為が三年ぶりに増加し（6.2%増）、学校外は三年連続で減少した（4.6%）。学校内での生徒間暴力（50.4%）が最も多く、器物破損（30.5%）、対教師暴力（14.6%）、

ニート（NEET）
Not in Education, Employment, or Training の略。一五～二四歳で、学校にも通わず、職業も持たず、職業訓練も受けていない者をさす。

対人暴力（4.5％）と続いていた。教師に対する暴力行為よりも、生徒間での心理的なあつれきや葛藤から生じる暴力行為の方が圧倒的に多いことがわかる。また、いわゆる「モノに当たって」、自分のイライラした感情を紛らわすような暴力行為も多発している。

一方、いじめ*の発生件数は、二三、三五一件であり、八年ぶりに増加した。いじめが発生した学校数は七、八六〇校であり、全国の20.3％の学校（小学校11.9％、中学校38.0％、高校26.6％）を占めていた。小学校から学年が上がるにつれて、いじめが多くなり、中学一年生（31.3％）が最も多くなっていた。その内容は、「冷やかし・からかい」（31.5％）、「言葉での脅し」（18.0％）、「暴力をふるう」（15.0％）、「仲間はずれ」（13.8％）だった。

いじめの場面は、「いじめる子」と「いじめられる子」との関係で展開される。森田［2001］によれば、いじめを止めに入る「仲裁者」が欠けた状態で、いじめを面白がってはやし立てる「観衆」層と見てみるふりをする「傍観者」層からなる場の構造ができあがると、いじめは進行し、どんどんエスカレートしていく。小学校高学年から中学生にかけての国際比較調査の結果から、イギリスやオランダでは、中学生になると「仲裁者」の割合が増加し、「傍観者」が減少したのに対し、日本では学年とともに「仲裁者」は減り続け、「傍観者」が増加し続けることがわかった［森田、2001］。これは、集団のなかで他者との協力や連帯を果たしていくような自律的な自我が十分に形成されていないことをあらわしていると言えるだろう。

このことは、子どもが身近な友人に対しては有り余るほどの気づかいを示しながら、一般的な他者に対してはきわめて無関心であるという、親密圏と公共圏の変容の問題［土井、

いじめ
「①自分より弱い者に対して一方的に、②身体的・心理的な攻撃を継続的に加え、③相手が深刻な苦痛を感じているもの。起こった場所は、学校内外を問わない」として件数を把握した［文部科学省、2004］。

2004］とも関係が深いと考えられる。

(3) 学校についての子どもの意識

文部科学省［2004 b］の「学校教育に関する意識調査」（中間報告）から、子どもの学校生活への満足感を見てみよう（図5）。小学生で九割、中学生で八割近くの子どもが、「学校が楽しい」と思っており、全般的に見ると、学校生活への満足感は高いといえる。同時に、学年が上がるにつれて、学校が「楽しい」「少し楽しい」と答える子どもの割合が減少し、反対に、「あまり楽しくない」「楽しくない」と答える子どもが増加することもわかった。五年前に実施された調査でも、ほぼ同じような結果が得られていた。

学校生活で楽しいことは、小中学生ともに、「友だちとの遊びや交流」が最も多く、「学校行事」「クラブ活動や部活動」「勉強・学習」「先生とのふれあい」と続いていた。反対に、学校生活で不満なことについては、「授業の内容ややり方・進み方」「友だちのこと」「自分の成績のこと」の順になっていた。小学生と比べて、中学生では、「先生のこと」「クラブや部活動」についての不満が大きかった。都筑［2001］も、子どもにとって、友だちや勉強、部活動は期待や楽しみでもある一方で、同時に、不安や悩みの種でもあることを明らかにしている。これらのことから、子どもは学校のなかで、さまざまな楽しみを見出しつつも、また悩みを抱いていると言えるだろう。

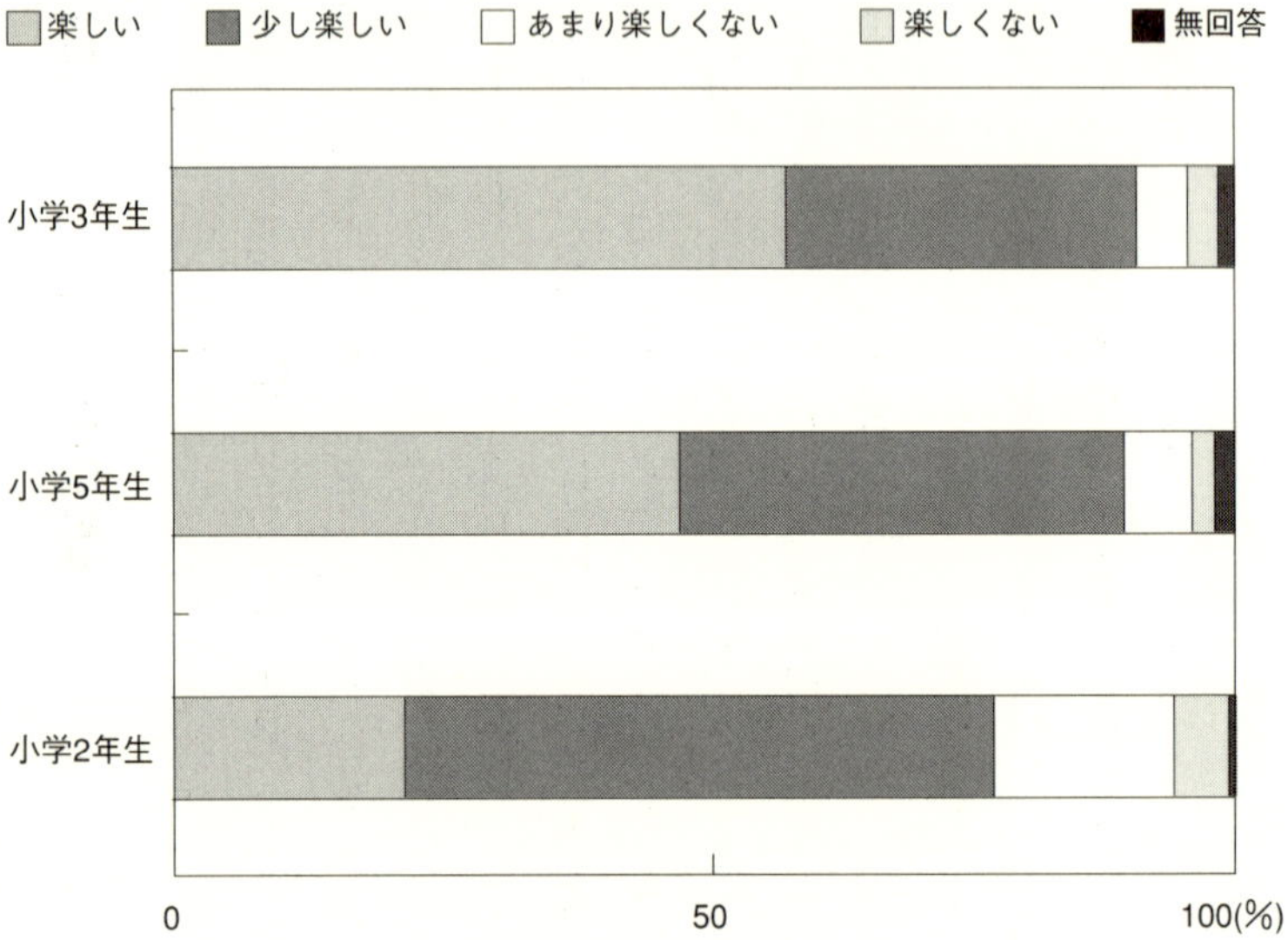

図5　学校生活への満足感

4　小学生が中学生になるということ

(1)　二つの異なる性格をもつ学校

子どもが通う小学校と中学校は、同じ義務教育制度に位置づけられていても、全く別の教育組織であり、いくつかの点で異なる特徴をもっている。小学校は学級担任制であるのに対して、中学校では教科担任制になる。中学生になると、英語のような新しい教科を習い始め、算数は数学と呼ばれるようになる。教科の内容が、小学校のときよりも高度になってくる。中間テストや期末テストなどもある。二〇〇二年度から、中学校でも成績は絶対評価*でつけられるようになったが、それ以前は相対評価*が用いられてきた。そうした違いに加えて、中学校に入学すると、小学校で最高学年だった子どもが最下級生になる。クラブや部活動、生徒会活動、学校行事など、学校のなかで、最も年下として位置づけられるのである。中学校のなかには、制服（標準服）が定められていたり、校則が厳しかったりする学校もある。このように、子どもは、小学校と中学校の違いを実際に自分の肌で感じながら学校生活を送るのである。

根本［1987］によれば、学校における学級集団は次のような二つの側面を持っている。一つは、公的・組織的側面である。学習を円滑に進めるためのルール（授業中は着席して教師の話を聞く、時間割に従って授業をするなど）が定められ、教科書や学習内容も決め

絶対評価
　カリキュラム目標を基準として、個々の生徒がその目標をどのくらい達成しているかで評価する方法。

相対評価
　学級または学年などの集団内において、他の生徒の成績と比較して、その個人の成績が相対的にどのような位置を占めているかで評価する方法。

られている。もう一つは、私的側面である。クラスのなかには能力も特性も異なるさまざまな子どもがいる。自分の欲求を満たしたいという多様な思いが、そこには存在しているのである。決まりや規則には従わないといけないという公的・組織的側面と個人の欲求にもとづく私的側面が、あるときには対立し葛藤を引き起こすこともあるのだ。

中学校では、小学校に比べて、ある意味において、公的・組織的側面が全面に打ち出され、子どもの欲求が抑えつけられることが多くなると言えるのではないだろうか。そのことは、中学校において不登校が増加するという事実と関連が深いと考えられる。

(2) 環境移行としての中学への進学

小学校から中学校への進学には、環境移行をともなう。同じ学区の公立小学校から中学校への進学でも、国立私立中学校を受験して進学する場合でも、それは同じである。ベネッセ教育研究所［1997］が小学五年生を対象に行った調査では、中学受験をする予定の子どもは17.7％だった。大都市では28.7％、地方都市では15.8％、郡部では11.7％であり、地域差が見られた。東京首都圏の小学六年生の中学受験率は15％に達する、と新聞は報じている［朝日新聞、二〇〇四年一月三一日付夕刊］。このように、少数の子どもが中学受験し、残りの大多数の子どもは地元の小学校から中学校へと進学していく。その他に、小学生の頃から国立私立小学校に通っているような子どももいるだろう。彼らも小学校入学時に環境移行を経験している。

進学という環境移行に際しては、それまでに経験したことのない新しい環境に適応していくことが求められる。そのことは、環境移行の一般的特徴である。ただし、中学校へ進学していく時期の子どもは、他の年齢の子どもと異なる特質を持っている。それは、自分自身が身体的にも精神的にも大きく変化し、児童期から青年期へと移行する思春期危機を迎えているということなのである。物理的な環境移行と発達的な移行を同時に経験する点が、小学校から中学校への移行の特徴である。従って、従来から、この移行に関しては、予防的な介入が必要であると考えられてきたのである［Seidman & French, 1997］。

(3) 中学入学前後の子どもの意識

表2は、中学三年生が過去をふり返ってみて、中学入学時にどのような気持ちだったかを答えてもらったものである［ベネッセ教育研究所、1999］。最も多かった不安は、「友だちとうまくやっていけるか」であり、「英語や数学の授業についていけるか」、「上級生との関係」、「先生が厳しいのではないか」という不安を持っていた子どもも40％を超えていた。男子と比べて女子の方が、中学入学時に不安を感じていた子どもが多い傾向にあり、それは、友だちとの関係、勉強のこと、上級生との関係において顕著にあらわれていた。

図6、**7**に示したのは、小学六年生の三学期における中学校生活への期待と不安、および、中学入学後における学校生活での楽しみと悩みについて、同じ子どもを対象に縦断的に検討したものである［都筑、2001］。中学校生活に期待していると回答した子どもは52.6％で、ほぼ半数だった。不安があると回答した子どもは69.9％だった。小学六年生のときには、直前に迫った中学校生活に対する期待よりも不安の感情の方が上回っているといえ

表2　中学入学時に不安に思っていたこと

(%)

	男子	女子	全体
友だちとうまくやっていけるか不安だった	46.5	60.3	53.4
英語や数学の授業についていけるか心配だった	45.1	59.8	52.1
上級生との関係が心配だった	42.2	50.5	46.4
先生が厳しいのではないかと心配だった	40.6	41.4	40.9
高校受験の力がつくか心配だった	35.4	38.1	36.8
部活動についていけるか心配だった	28.8	31.7	30.1
校則が厳しいので心配だった	25.7	25.5	25.5

(注)「とても」＋「わりと」そうだった割合

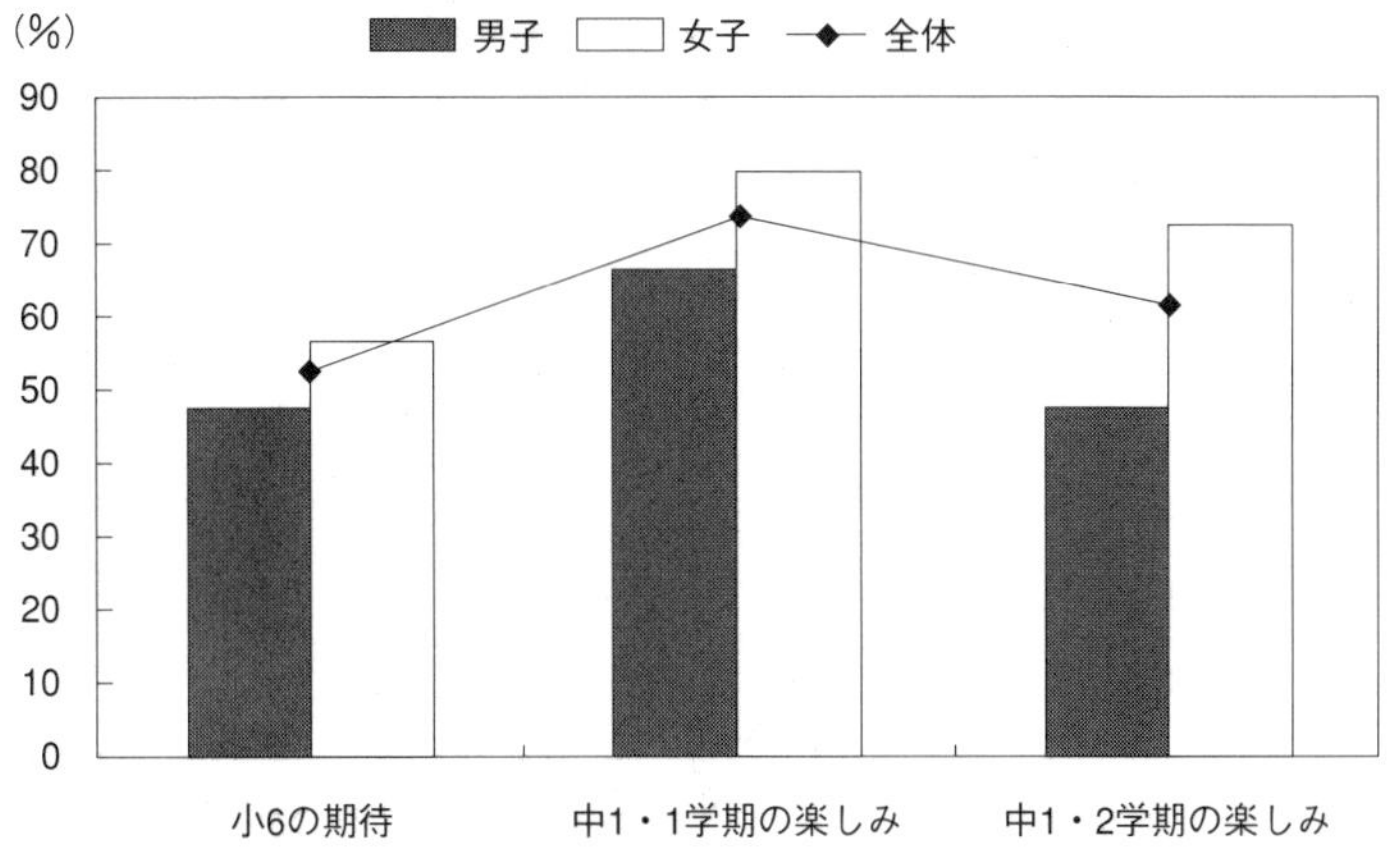

図6　中学校生活への期待と中学校生活での楽しみ

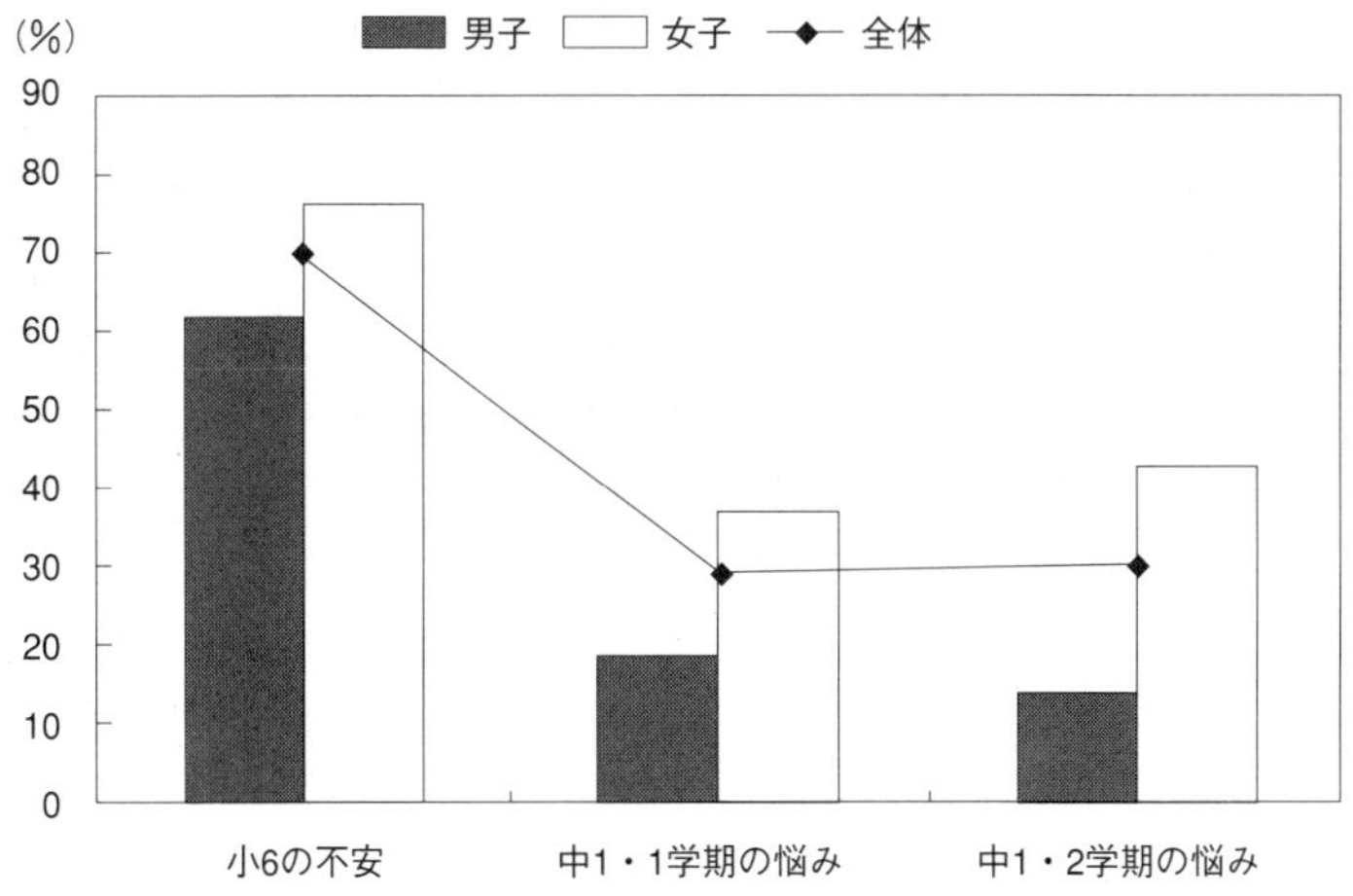

図7　中学校生活への不安と中学校生活での悩み

る。中学校に入学して楽しかったことがあると回答した子どもは、一学期73.7％、二学期61.7％だった。子どもは、中学入学前に期待していた以上の楽しみを見出していると言える。一方、中学校に入学して悩んだことがあると回答した子どもは、一学期28.7％、二学期30.1％だった。子どもが中学入学前に抱いていた不安の強さに比べると、実際の中学校生活での悩みは少ないと言える。このように、小学校のときにイメージしていた中学校生活に対する不安は、学校生活を送るなかで楽しみを見出すことによって、次第に減少していくことが明らかになった。また、女子の方が男子よりも、期待・楽しみ、不安・悩みともに強く感じている傾向にあり、これはベネッセ教育研究所［1999］の結果とも一致していた。

さらに都筑［2001］は、中学入学前の不安と期待の感情の組み合わせを基準として、中学校生活に対する意識を検討した。**図8**から明らかなように、小学六年生のときに、中学校生活に対して不安と期待の両方の感情を抱いていた子どもは、中学校入学後に、「小学校のときに比べて変化したことがある」、「今の生活で熱中していることがある」、「これから先の中学校生活で願っていることがある」という質問に対して、「そうである」と回答する割合が最も高かった。このように、期待と不安の両面的な感情をもつ子どもが、中学校生活を最も意欲的、積極的に過ごしていることがわかった。このような不安の感情をともなった中学校生活への期待は、子どもが学校生活を適応的に過ごしていく上で重要な役割を果たしていると言えるだろう。

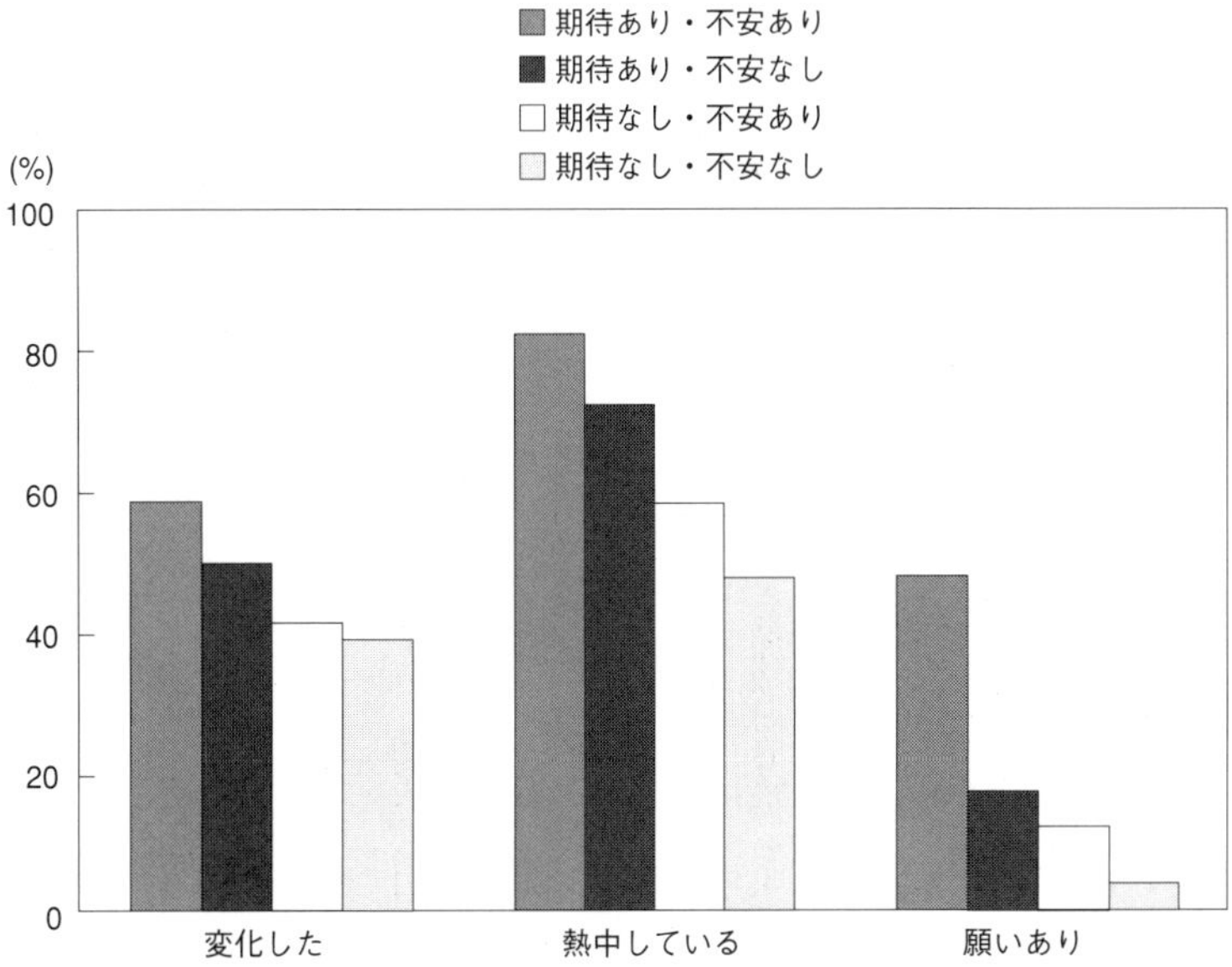

図 8　中学校生活への期待・不安と中学校生活での意識

5　学校で学ぶことの大切さ

(1)　なぜ学校へ行くのか

文部科学省［2004 b］の調査によれば、子どもが学校で身につけたいことの上位三項目は、**表3**のとおりである。小中学生ともに、「読み、書き、計算」という生活に必要な知識や技能の習得に加えて、学校生活を通して、友人との人間関係を作りあげたいと思っていることがわかる。大きくとらえれば、知的発達と社会性の発達の両方を、学校生活で身につけたいと考えていると言える。

「学校」という言葉からは、すぐに勉強を思い浮かべる人が多いかもしれない。学校において、さまざまな教科を学び、知的な能力を発達させることによって、子どもは目の前にある具体的な世界から解き放たれて、抽象的な世界のなかで想像力を働かせて自由に思考することができるようになる。学校が子どもの知的能力の形成に果たす役割は、非常に大きい。同時に、学校は、友人や同級生、先輩や後輩、先生など多様な人間が集うところであり、子どもはさまざまな活動を通して、社会的な能力を獲得していく。さまざまな不安や悩みをもち、そして、楽しみや喜びを見出していく。

作家の大江健三郎は、「なぜ子どもは学校へ行くのか」という問いに対して、学校に行くのは、自分をしっかりと理解し、他人とつながっていくための「ことば」を学ぶためで

表3　学校生活で身につけたいこと

(%)

小学3年生 (n=2,363)	読む、書く、計算するなど普段の生活に必要な知識や技能	68.8
	友だちを作ったり、自分の周りの人々などと仲良く付き合ったりする力	68.2
	たくましく生きるための健康や体力	66.9
小学5年生 (n=2,408)	読む、書く、計算するなど普段の生活に必要な知識や技能	74.8
	友だちを作ったり、自分の周りの人々などと仲良く付き合ったりする力	69.8
	まわりの友だちなどへの思いやり	65.3
中学2年生 (n=2,296)	友だちを作ったり、自分の周りの人々などと仲良く付き合ったりする力など、社会の一員として必要な幅広い能力	72.0
	読み、書き、計算など日常生活に必要な知識や技能	67.2
	高校や大学などへ進学するために必要な力	67.0

あると述べている［大江、2001］。理科も算数も体育も音楽も、学校で習うことは、自分と他人、そして自分と社会とをつないでいくための大切な「ことば」なのである。学校において、子どもはそうした「ことば」を学びつつ、自己形成を遂げていく。

今から五〇年以上も前、高校への進学率が50％に満たなかった時代に、東北地方の山村で青年教師の無着成恭は、生活綴方の指導を通して、生徒たちの教育に取り組んだ［無着、1995］。無着は、「なんでも『なぜ？』と考える人になろう」と子どもたちに呼びかけ、自分たちの生活をリアルに見つめる目と自分で考え行動していく力を育てていこうとした。『山びこ学校』に登場する教え子の一人である佐藤藤三郎は、当時の様子をふり返って、中学校時代に学んだ「自分で考える」ことの大切さを改めて感じている［佐藤、2004］。

(2) 学校へ行ける幸せ、学校のなかで見出す幸せ

小学校六年間、中学校三年間、高校三年間、大学四年間。高校進学率が90％を超え、大学進学率も約50％になり、子どもは長い期間、学校へ通っている。こうしたなかで、子どもにとって、学校へ行くことは当たり前に感じられるようになっている。その一方では、毎年のように、学校へ行くことのできない子どもや学校から遠ざかっていく子どもも多数出てきている。

教育のためのグローバルキャンペーン［2005］によると、今、地球上では、一億一、五〇〇万人の子どもが学校へ行くことができず、教育の権利を奪われている。アフリカでは二人に一人、南アジアでは三人に一人が初等教育を終えることができない。ストリート・

チルドレンと呼ばれるような路上で暮らす子どもも、経済的に貧しい国では少なくない。日本のジャーナリストの「あなたの夢はなんですか?」という質問に対して、フィリピンのゴミ捨て場スモーキーマウンテンで暮らす少女は、「私の夢は大人になるまで生きることです」と答えたという［池間、2004］。そのような現実のなかで暮らしている子どもも、この地球上には数多く存在しているのだ。

中国の一三歳の少女、馬燕が書いた「私は勉強したい」という手紙と彼女の日記［馬燕・アスキ、2003］からは、貧しい生活のために学校へ行けなくなった厳しい状況と、それでも学びたいという真剣な思いが強く伝わってくる。この手紙と日記がフランスのジャーナリストによって紹介されるとたちまち評判を呼び、今では世界一二ヶ国で翻訳されている。それを読んだ一六歳のエミールは「二〇〇二年度の若者大賞」に投票した理由を次のように述べている。「だってたくさんの人々が、教育ってそれほど大切なことじゃないと思っているのですから。授業はできるだけ少なく、その分、休みが多ければいいと思っていますよね。馬燕の話を読んで、子どもにとって教育がいかに大事かわかりました」。このように、学校へ行けない世界の子どもに目を向けることが、自らの生活をふり返る絶好の機会となったのである。その後、馬燕は経済的援助を受けて、再び学校で学ぶことができるようになった。しかし、彼女のような子どもは、今の時代にもまだ大勢いるのだ。

(3) 学校で育つ力

愛知県の私学教育運動において中心的な役割を果たしてきた寺内義和は、今の時代において、偏差値学力を超えた「大きな学力」が求められていると述べている［寺内、1996］。それは、自分の世界の広がり、時代・社会・生活・自然・人々との関わり、問題を解決し状況を変革する力、という三つを基軸としている。「絶望の時代」とも言われる現代において、絶望や苦しさ、つらさに正面から向きあい、そうした「波風の立つ体験」を感動や喜び、達成感へと転化していく過程のなかで、「大きな学力」は形成されていく。子どものなかに、目標を作り、追究していく力、生きて働く知識・技術・体力・感性、関係を広げ深める力として形成されていくのである。

さまざまな地域において、現実を直視し、親や地域の人々ともつながりを持ちながら、学校の持つ可能性を広げていくような教育実践が行われている［稲垣、2003／宮下、2004／相馬、2004］。そのなかで、授業や学校内外での活動を通して、子どもは自分や自分の未来について真剣に考え、生活の主人公として生きていく力を身につけていっている。このような取り組みが示しているように、子どもの集団的な活動の発展を通して、学校は子どもの自治的な能力を身につける場所となるのだ。学校は、子どもの発達に不可欠の場所であり、そのなかで、子どもは自律的な人間として成長していくのである。

6　おわりに

現在の学校は、さまざまな問題をかかえている。学校から離れていく子どもも少なくない。厳しい現実が存在している。しかし、たとえそうであったとしても、学校はまた子どもに希望を与えるところでもある。

小中学校のときに不登校で、学校への不信感をずっと持っていた一九歳の女性は、教師やクラスメートに支えられて、定時制高校に通い続けた。四年生となった彼女は、次のように述べている［全国高等学校定時制通信制教育振興会、2003］。

> ようやく今なら、ある日「どうして学校に行くの」と聞いてきた子に、胸をはって答えてあげられる気がします。
> 「学校は、自分や誰かの、さまざまな個性に気づく場所。そして、人としての評価を出すのは、いつもそばにいた人たちであり、同時に自分でもある。自分の意志で頑張っているということを忘れなければ、学校は、決して無意味な場所ではないはず」

思春期の子どもを育てるという学校と教育がもっている大事な役割を改めて確認し、その活動を一歩ずつ進めていくことが求められている。

（都筑 学）

引用・参考文献

Ariès, P. 1960 L'Enfant et la vie familiale sous l'Ancien Régime. Éditions du Seuil, Paris.（杉山

光信・杉山恵美子（訳）1980 『〈子供〉の誕生』 みすず書房）
フィリップ・アリエス（中内敏夫・森田伸子（訳）1983 『〈教育〉の誕生』 新評論）
鮎川 潤 2001 『少年犯罪』 平凡社
ベネッセ教育研究所 1997 「第2回学習基本調査報告書小学生版」『研究所報』 第10巻
ベネッセ教育研究所 1999 「中学生活をふり返って」『モノグラフ・中学生の世界』 第64巻
土井隆義 2004 『「個性」を煽られる子どもたち』 岩波書店
玄田有史・曲沼美恵 2004 『ニート』 幻冬舎
池間哲朗 2004 『あなたの夢はなんですか？ 私の夢は大人になるまで生きることです。』 致知出版社
稲垣陽子 2003 『かなうかなわたしの夢』 KTC中央出版
石井小夜子 2001 『少年犯罪と向きあう』 岩波書店
石松松太郎・直江広治 1977 『日本子どもの歴史4 武士の子・庶民の子』 下巻 第一法規出版
教育のためのグローバルキャンペーン 2005 「世界中の子どもに教育を」 (http://www.oxfam.jp/education/campain/about.htm)
京都大学高等教育研究開発推進センター（編） 2003 『大学教育学』 培風館
馬燕、ピエール・アスキ 2003 『私は勉強したい 中国少女マー・イェンの日記』 幻冬舎
三浦一郎・長谷川博隆 1984 『世界子どもの歴史2 古代ギリシア・ローマ』 第一法規出版
三宅晶子 2003 『「心のノート」を考える』 岩波書店
宮下与兵衛 2004 『学校を変える生徒たち』 かもがわ出版
宮沢康人 1985 『世界子どもの歴史6 産業革命期』 第一法規出版
森 良和 2003 『歴史のなかの子どもたち』 学文社
無着成恭（編） 1995 『山びこ学校』 岩波書店

文部科学省　2004 a　「生徒指導上の諸問題の現状について（概要）」　（http://www.mext.go.jp/b_menu/houdou/16/08/04082302.htm）
文部科学省　2004 b　「学校教育に関する意識調査（中間報告）」　（http://www.mext.go.jp/b_menu/shingi/chukyo/chukyo 3/siryo/004/03091801/005/001.htm）
森田洋司　2001　『いじめ国際比較研究』　金子書房
仲　新・持田栄一（編）1979　『学校史要説』第一法規出版
根本橘夫　1987　「学級集団の独自性からみた学級集団の規範、構造及び風土」『心理科学』第11巻第1号　1-16p.
大江健三郎　2001　『「自分の木」の下で』朝日新聞社
小沢牧子・中島浩籌　2004　『心を商品化する社会』平凡社
佐藤藤三郎　2004　『山びこ学校ものがたり』清流出版
Seidman, E. & French, S.E.　1997　Normative school transition among urban adolescents: When, where and how to intervene. In Walberg, H. J., Reyes,O. & Weissberg, R. P. (Eds.), ***Children and youth: Interdisciplinary perspectives.*** Thousand Oaks, California: Sage Publication. 166-189p.
相馬敬司　2004　『こんながっこうなら子どもたちは元気がでる！』桐書房
寺内義和　1996　『新訂版大きな学力』旬報社
都筑　学　2001　「小学校から中学校への進学にともなう子どもの意識変化に関する短期縦断的研究」『心理科学』第22巻第2号　41-54p.
全国高等学校定時制通信制教育振興会　2003　『誇りある青春―働く高校生の生活と意見―』第26集

第4章　学びを通した子どもの自己形成

1　はじめに

現代を生きる思春期の子どもたちは、親の世代とはまったく異なる学校教育の洗礼を受けている子どもたちです。新たな学校教育は、思春期の子どもたちにどんな影響をもたらしているのでしょうか。この章では、「大変な時代」に生きている思春期の子どもたちの、学びと自己形成について考えていきます。

2　思春期の子どもたちの学びの特徴

(1)　学童期中学年から思春期の萌芽にかけての思考の発達
——書き言葉を通して——

学童期の中学年すなわち小学校三、四年生頃になると、子どもたちは書き言葉を用いて、自分や友達のこと、クラスや家族のことなどに思いをめぐらすようになり、それらをあるテーマに沿って抽象化する力が芽生えてくる。子どもたちは書き言葉を通して自己や他者を知り、自己のあり方についての問いかけを行っていく。* さらに、「他者が読む」ことを想定し——すなわち、他者が自分の文章を読み、自分を理解してくれる——こうした他者への願いを含みこんだ文をつづる力を養っていく。自己についての思いを深めながら、自分ひとりでは抱えきれない大きな課題を他者に共有してもらいたいという子どもたちの訴えを、私たちは読み取らなければならない。

*この時期、書き言葉を支えとする思考の高まりにより、子どもたちは、友人関係における葛藤などの、人格的な発達の危機にさらされるようになる。こうした小学校中学年の発達上の危機は、障害児教育の実践からその名をとって、九、一〇歳の壁と呼ばれている。

人として・・・　　　　一郎*

ぼく　今まで
人として
いいことしてきたかな・・・・
ぼく
人らしいことしてないかな

人として・・・

本当の自分　　　　良

ぼくって
いがいと強がりいっているけど

*一郎、良、京子ともに、同じ四年生のクラスメートである。

本当は弱いんだ
ぼくって
やっせんぼう*なんだ
わかってくれよ
みんな

（［藤崎、1991］より引用）

学童期の中学年時代も終わりに近づき、思春期の訪れを間近に迎えるころになると、自己についての思索はますます深まりを帯びていく。

わたし　　京子

私は
本当に私なのだろうか
自分でもわからないような・・・
そういうとき
私は決まって息をとめる
そして
苦しくなったら息をする
なぜかこれをすると
おちつく

やっせんぼう
鹿児島弁で、弱虫・臆病者・意気地なしなどの意。

どんなことをして
どんな子どもをうみ
どういう女になって
どういうふうに
こいをするのだろう

みらいに行ってみたい
そして
どういうふうにして
人間を終わるのか・・・

（［藤崎、1990］より引用）

四年生にしてやや精神的に早熟な京子は、「これからおとなになりゆく自分」を思い、希望を抱いて未来像を描く一方で、いまだ経験していない未来への大きな不安に圧倒されそうになっている。そして、「息をとめ、苦しくなったら息を」し、けなげにも自己調整して心の安定をはかろうとしている。しかし、自己調整しても、未来への大きな不安は、再び大きなうねりとなって時々彼女の心をおびやかし、「私は本当に私なのだろうか」＊というように、彼女の自己概念を混乱させてしまうのであろう。

こうして、学童期の高学年にさしかかり思春期の萌芽を迎えるころになると、自己についての思いの深まりは、中学年のころの「自分の内面や行動とはどんなものかに対する問

＊「私は本当に私なのだろうか」というような、自己への二重の問いかけは、ピアジェの発達段階における形式的操作期の特徴——思考そのものの思考——すなわち『操作の操作』［岡本、1977］を表している。早熟な四年生の京子は、思考においても、形式的操作の段階に入っていると思われる。

いかけ」から、「自分の内面そのものへの揺らぎ——自分の存在そのものへの不確かさ」へと変わっていく。言いかえれば、「私ってどんな子どもなんだろう」という問いかけから、「こんな風に考える私って、本当の私なんだろうか」、「それとももっと違う自分がいるのだろうか」という問いかけへと変っていく。すなわち、思考の内容が、自己の内実を作り上げることから、自己の内実の検証やさらなる別の自己の可能性への帰着へと変貌をとげようとしている。いわば、自我同一性の危機を迎え始めている。

思春期の萌芽を迎えようとしている子どもたちの自我の在り様は、このように、思考の発達と密接につながっていることを忘れてはならない。

日々の出来事に照らし、自己や他者の内面をつづるという行為は、子どもたちの思考を深め、自己や他者への理解という人格的な育ちに寄与することは言うまでもないが、とりわけ思春期を迎えた子どもたちは、希望と不安の入り混じった内面をつづりながら、平穏で静寂な時間をもつことができ、つかの間の落ち着きを取りもどすことができるようにも思われる。

自分についてつづるということは、思考や人格の発達を促すだけではなく、子どもたちの心を癒すことも可能なのであろう。*

(2) 「何のために勉強するのか」、「自分の存在意義」などについての問いかけの始まり

身体上の大きな変化を契機に、子どもたちは思春期に入っていく。女子であれば初潮*や

＊朝日新聞朝刊東京版（二〇〇六年二月一九日付）「声」欄において、一二歳の清水勝友君は、「人を傷つける力」と対置させながら、「人を癒す力」があると述べている。言葉にここで言及されているのは話し言葉ではあるが、書き言葉は、文字として視覚に訴える力があること、繰り返し読むことができることなどから、書き言葉も話し言葉と同等あるいはそれ以上に「人を癒す力」を包含していると察せられる。

＊最近の日本の初潮年齢は、一二・二歳［日野林ほか、2004］とされて

胸の膨らみ、男子であれば、声変わり、ひげが生える、精通など。こうして、具体的な身体上の劇的な変化をみずから経験しながら、子どもたちは、自分が子どもから大人へと確かに変化しつつあることを実感する。しかしながら、身体がすべての面で大人へと変貌したわけではない。**図1、2**に明らかなように、身長や体重は、初潮や精通を迎えた後もおおいに伸びる可能性をはらんでいる。思春期の子どもたちの身体は、性的成熟を迎え始めているとはいえ、依然として「大人」の身体と「子ども」の身体を持ち合わせた非常に不安定なものである。いわんや、精神面においてはまだまだ幼い部分を残している。こうして、彼らは、自分たちが、初潮や精通という点では大人へと変貌したにもかかわらず、身体的にも精神的にも大人からはまだずいぶんかけ離れていることを実感する。つまり、身体的にも精神的にも、子どもでも大人でもなく、どこにも身の置き所のない、いわば「切り裂かれた」自己を経験する。

「子どもでも大人でもない自分って一体何なのだろう」「いつも母親や先生の言うことばかりを聞いて、大人の顔色をうかがっている自分は、本当の自分なのだろうか」子どもでも大人でもない彼らの心の間隙を埋めるかのように、あるいは、大人に近づきつつある一方で、大人への反感を強めていきながらの、「自分とは何か」との問いかけは、すでに述べたように、小学校中学年のときの、自己の内実（自己像）の構築から、自己像の吟味へと高まっていく。

次に示すのは、小学校から塾に行かされ、中学受験の面接で悪態をつきながらも私立中学校に合格してしまい、中学二年生になって不登校に陥った例である。

いる。なお、日野林らは、既潮年齢に地域差があること、初潮年齢の低年齢化を、子どもの発達環境の悪化として捉える視点などを示唆している。男子の精通については、神戸市立西病院の額田成の調査において、一九七〇年代生まれの男性（一二・八歳）が、一九六〇年代生まれ（一二・六歳）よりも遅延化傾向があることが報告され、環境ホルモンとの関連から話題になった（二〇〇〇年一二月二日付朝日新聞）。

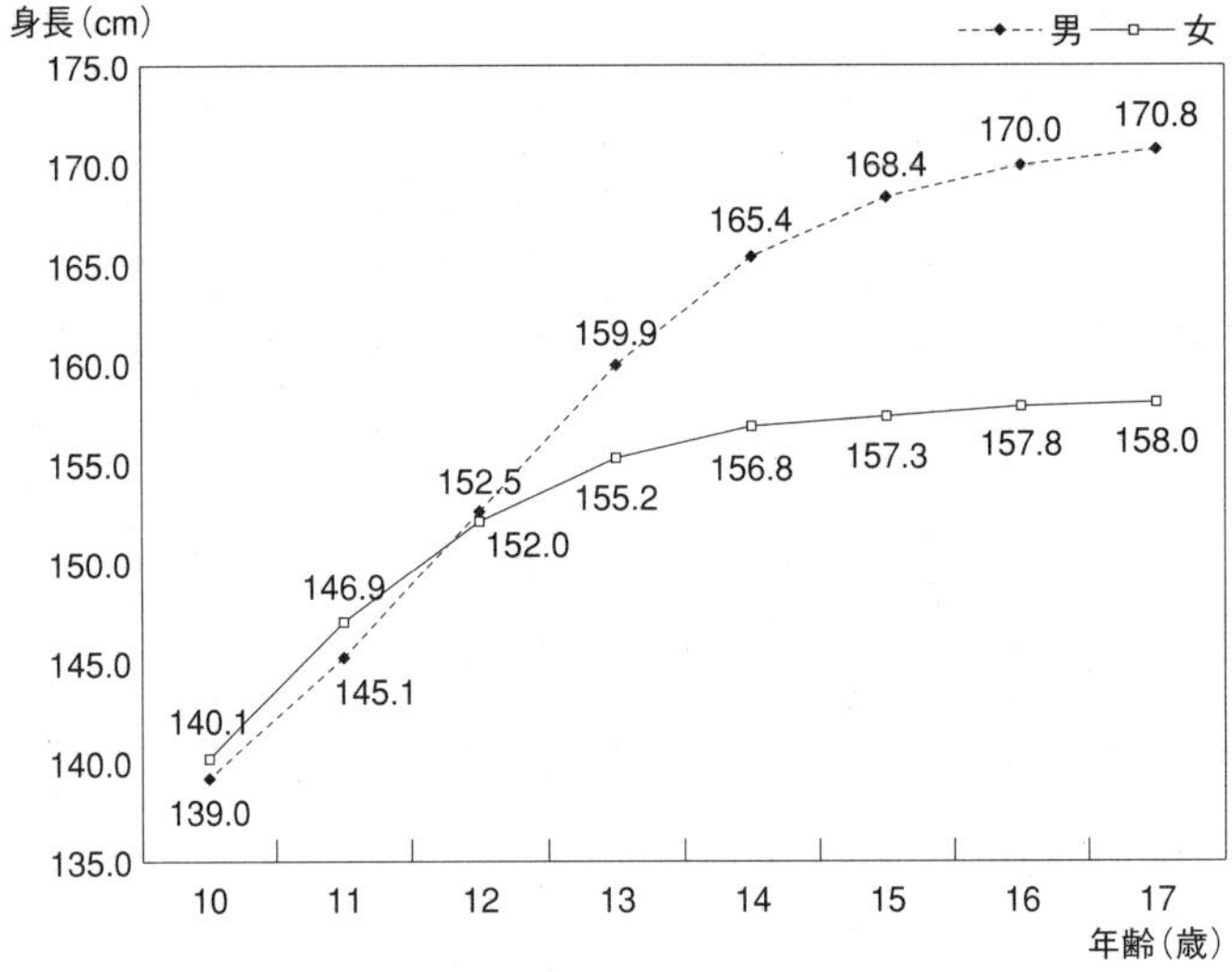

図1　年齢別身長の平均値（[文部科学省、2006a] より作成）

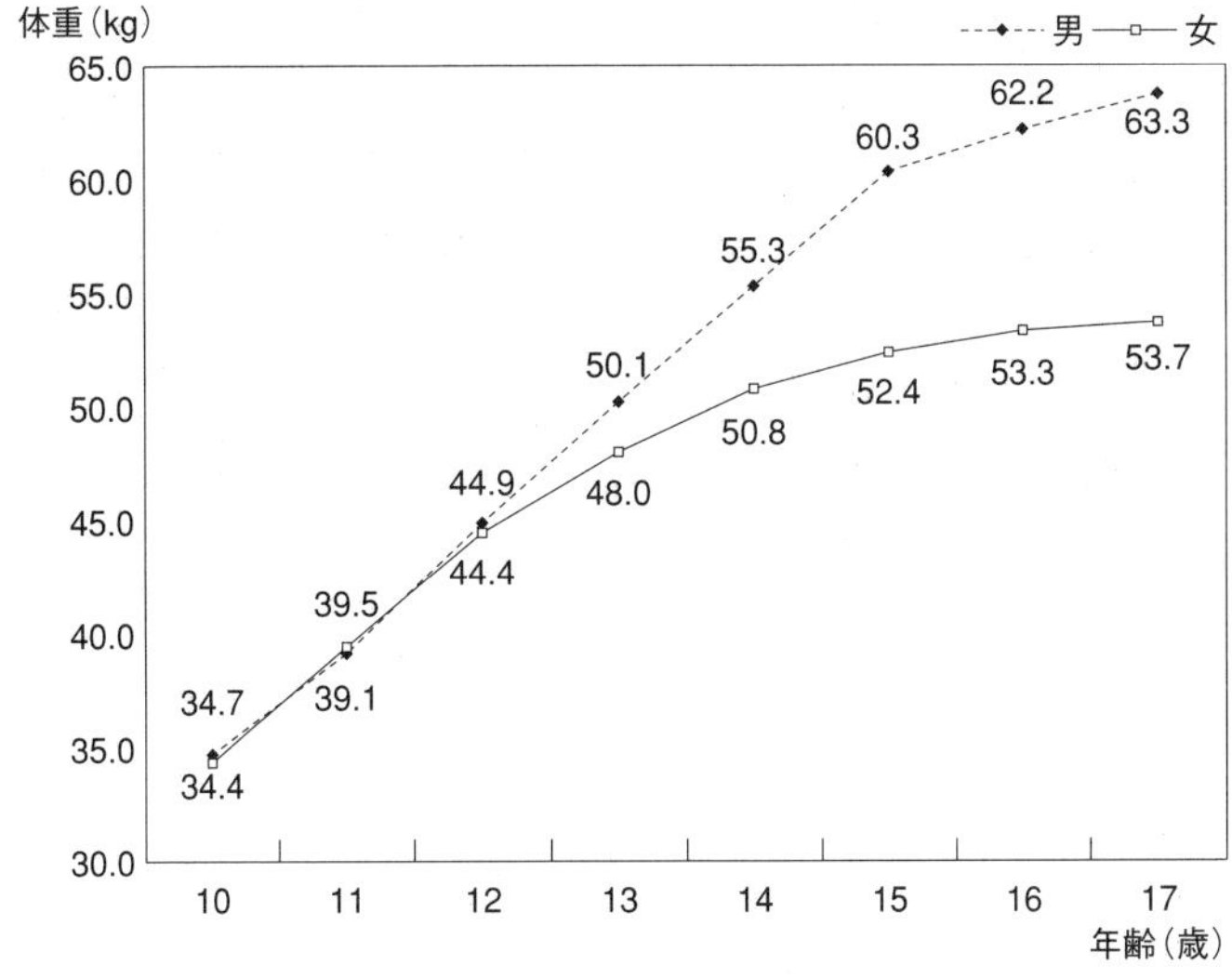

図2　年齢別体重の平均値（[文部科学省、2006a] より作成）

六年生の時が一番悲しかった。私は小学校最後の年を楽しく過ごしたかったのに、遠い塾通いと宿題の山で、友人と遊ぶことが出来なかったのです。（中略）私はまんまと親の作戦にはまってしまいました。受かってしまったら、後は母の思うツボです。私は晴れて私立中学生になっていました。でも学校生活は慣れると楽しいもので、一年間はあっという間に過ぎました。しかし二年生になってから、私は急に我に返ったように何もかもが虚しく感じられるようになったのです。今思うと、私の小三からの人生は真っ暗でした。こんなにしてしまったのは母だ。私はもっと遊びたかった。もっと友達が欲しかった。私は中学に入ってからも真面目に勉強させられているけれど、もう嫌！そう思うと、学校自体は嫌じゃないし、行かないといけないと知りながら、急にばかばかしくなってきたのです。

（［吉田、1991］より引用）

おそらくは、幼い頃から母親の言いつけを守り、優等生であったこの女子生徒は、思春期を迎える頃に、無理やり中学受験をさせようとする親への反抗心がめばえたと推測される。だが、受験の面接のときのささやかな抵抗もむなしく、彼女の反抗心は、親のパワーに押しつぶされるような形でなかば封じ込められたまま、思春期をやりすごしていたと言える。そして、その封じ込められた反抗のエネルギーは、その後も表面上は良い子を演じながらも、心の中で消えることなくくすぶり続けたのであろう。

しかし中学二年生になり、あらためて自己像を吟味してみると、「自分を押し殺して親のために勉強している自分」が浮き彫りになると同時に、何のために勉強するのか、誰のための勉強なのかなどの、学びの意義や人生の意味というきわめて高次な問いかけが日に日に強くなる中で、自己のありようについての爆発的な否定が、不登校という形で露呈したのであろう。*

思春期における学びとは、自己を深く問い始める子どもたちにとって、自分の存在意義や勉強の意義という抽象的な学びへの発展性を本来的に含んでいることを肝に銘じておかなければならない。それゆえ、思春期の学びを論ずる際には、たんなる知的発達の促進という側面のみならず、認識の高まりと自我の発達を統合的にとらえ、人格の高まりへとつなげていく視点が重要であると言える。

*教育学者の竹内常一［1987］は、思春期の子どもの第二反抗期的な心の揺れを、子どもの「自分くずし」と表現し、これが、その後の新たな人格形成のいしずえをつくるとしている。

3　現代を生きる思春期の子どもたちの学びについて

(1)　孤立・競争の中での学びを強いられる子どもたち

一九九〇年代初頭以降、学習指導要領（以下、指導要領）の改訂をはじめとする教育システムの転換のうねりは、子どもを取り巻く学校教育の環境に、劇的な変化をもたらした。

①　「新しい学力観」がもたらしたもの

一九八九年改訂の指導要領において、「自ら学ぶ意欲」の育成が強調され、引き続き一九九一年での指導要録*改訂において、学力評価の重みづけが「知識・理解・技能」から「関

指導要録
指導要録とは、児童または生徒の学籍ならびに指導の過程と結果の要約を記録した公的な原簿で、指導や外部に対する証明に役立たせる原簿［日本教育方法学会、2004］とされている。

心・意欲・態度」に大きくシフトした。いわゆる「新しい学力観*」の登場である。転換を余儀なくされたのは、学力の指標だけではなかった。それまで子どもたちに「教える」ことを自らの役割として自覚していた教師は、子どもの「自ら学ぶ意欲」を前面に押し出すことを拠り所に、「教える」立場から「支援する」立場へと、教師のあり方の劇的な変更を迫られたのである。意欲を重視する教育それ自体は決して間違っているとは言えない。子どもたちが高い意欲や関心を喚起され学習に臨むことで、刺激に満ちた豊かな授業の展開が期待できる。教師の話をただ受身的に聞くのみならず、疑問に思ったところは積極的に質問することで、子ども同士の議論も活発になり、子どもたちや教師の間での相互交渉が活性化され、結果的に一人ひとりの子どもに、教授内容が深くしみわたることが推測されるのである。

しかし、「新学力観」での「意欲」とは、こうした、生徒間、あるいは教師を巻き込んでの集団的な学びを前提としたものではなかった。ここで想定されていたのは、子ども一人ひとりが個別にもつ「バラバラ」な意欲・関心であり、集団での学びのなかで高められるものではなかったのである。*

また、「新学力観」での「個性」重視も重要な問題をはらんでいた。文部省（現文部科学省、以下文科省）は、指導要領で「基礎・基本」の徹底を唱えつつ、「どれだけ努力しても十しか知らない者と、五十知っている者とができる」［奥田ほか、1992］として、その根拠を「個性の違い」［奥田ほか、1992］にあるとし、「個性」による学力格差をあっさりと認めたのである。文部省の唱える「個性」重視の教育とは、「個性」という玉虫色の

＊「新しい学力観」（「新学力観」）という言葉は、文部省の定期刊行物『初等教育資料』（一九九一年三月号）の「今月の言葉」（執筆者の高岡浩二は当時、小学校教育課教育課程企画官）に初めて登場したといわれる［苅谷、2002］。苅谷はこの本の中で、「新しい学力観」から「生きる力」への推移を簡潔にレビューしたうえで、後者を前者の延長上にあるとしている。なお、「新しい学力観」についての批判的検討が、多くの研究者や教師らによって行われたが、坂元［1994］の『「新学力観」の読み方』（旬報社）は、その代表的なものである。

＊例えば、馬場［1995］は、「新しい学力観」を「子ども一人一人の側に立つ」ものとしてとらえ、それによる教育の営みにおける問題点の一つとして、『共同を生まない』ことをあげている。一方、当時文部省小学校課教科調査官の成田國英［1991］は、子どもたちの学びあいを重要なものとしながらも、一人一人が自己実現を目指す教育を第一義的なもの

美名の元に、学力格差を容認する教育と言っても過言ではあるまい。中学校指導要領での「習熟の程度に応じた指導」の導入は、その象徴的な例である。

　こうして、「新学力観」による教育は、共同での学びから孤立での学びへ、個性重視を唱えながら結局は学力格差を容認する不平等教育へと大きくシフトしていったと言える。新学力観はその後一九九八年改訂の指導要領に、その理念を保ったまま引き継がれるが、「ゆとり」と「生きる力」のスローガンのもとで大幅に軽減された学習内容が、学力低下に拍車をかけるとの文科省批判が高まる中で、「二一世紀新生プラン」「確かな学力向上のための二〇〇二アピール～学びのすすめ」などの能力主義的な教育政策*が次々に打ち出されていった。その「集大成」として、二〇〇三年一二月、教育史上歴史に残るような、指導要領一部見直し*が行われたのは記憶に新しい。そして、能力主義的な教育の一端をなす習熟度別授業は、中学校ばかりではなく小学校においても、正規の「お墨付き」を得て、全国に浸透していくことになる。

「意欲」や「個性」を重視し、「指導」を軽んじ、学力格差を容認し、助長する「新学力観」「生きる力」の教育は、とりわけ、身体的・精神的に切り裂かれる自己を体験しながら、自分の存在（自己）について思いを深めている思春期の子どもたちに、大きなダメージを与えてしまうのではないだろうか。

　子どもたちにもっとも必要なことは、悩みを共有でき、相談しあう仲間、ともに学びあい、人格的に高めあうことのできる仲間とのかかわりであるはずだが、複線的な学力格差の拡大や孤立の中での学び、受験を意識した見せ掛けの「意欲」*は、思春期の友人関係の

とし、すでに述べたように、教師に対し、「指導」から「支援」へとその役割の質的転換を求めていることから、「新学力観」での「学びあい」は、真の意味でのそれとは性格を異にすることは明らかである。

*エリート育成のための「科学技術・理科大好きプラン」には、五七億円もの巨額の予算が投入されている［文部科学省、2006b］。

*この一部見直しの中で、指導要領の内容を超えて教授することが可能である旨が盛り込まれ、従来の〝上限〟ではなく、〝最低基準〟としての指導要領という側面が、前面に押し出されることになった。後に詳述する習熟度別授業との関連では、「学習内容の習熟の程度に応じた指導」との文言が小学校指導要領で盛りこまれたことも見逃せない。

*「新学力観」の影響により、学習面のみならず生徒の生活全体にわた

醸成に悪影響をもたらしていると推測しうる。おさまることを知らないいじめや不登校は、こうした子どもたちの不安やストレスの反映といえるのではないだろうか。

② 習熟度別授業の導入

前項で述べたように、習熟度別授業が小・中学校において急激に普及している。二〇〇三年の指導要領一部見直しにより文科省の「お墨付き」を得たとは言え、いまや公立小学校において、なんらかの形で習熟度別授業を実施しているところが七割を越える［文科省、2003］というのは、驚きを越えて奇異な印象を禁じえない。

ところで、日本の子どもや大学生の学力低下が指摘されるようになって久しいが、その根拠の一つとして、種々の学力の国際比較がある。例えば、二〇〇〇年にＯＥＣＤ（国際経済開発機構）が行った国際的な学力調査（ＰＩＳＡ：Program for International Student Assesment）では、読解力で第一位がフィンランド、第二位がカナダ、第三位がニュージーランドと続いた。一方、日本は八位に甘んじ、高学力と思われていたスイス（一七位）やドイツ（二一位）が平均を下回り、フィンランドが飛びぬけて高得点を示したことから、これらの結果はＰＩＳＡショックとして世界中に衝撃を与えたのは記憶に新しい。*

佐藤［2004］は、この結果を「トラッキング（すなわち、習熟度別授業や能力別授業のこと）の敗北」と断じ、その根拠として、得点の上位の国々は、一五歳までのトラッキングを廃止した国か、廃止を推進した国であると指摘している。* そして、習熟度別授業は、もはや「時代遅れ」であるとさえ言い切っている。

って「関心・意欲・態度」が評価・点数化されるようになり、さらに、生徒の人格の「内面」にまで踏み込んだ「評価」が、高校受験の調査書の内容に反映されることになった。授業中の挙手、生徒会役員への立候補、部活動、ボランティア、教師への挨拶にいたるまでの、子どもの行動や「内面」の細かな点数化は、子どもの本来の「内面」と行動との間に大きな「すき間」を作ってしまい、「切り裂かれた自己」にあえぐ思春期の生徒たちの葛藤をことさらに大きくしてしまうのは明らかである。

＊その後の二〇〇三年に実施されたＰＩＳＡにおいても、フィンランドは高得点をおさめ、日本はトップグループを維持しているとはいえ、読解力は一四位と低迷している。

＊福田［2006］は、ＰＩＳＡの結果をていねいに分析し、フィンランドの高「学力」の根拠として、学校と教師にやる気をおこさせる環境、子どもの高い動機づけに加え、習熟度

別授業をやめ統合授業にしたことなどをあげている。

「百害あって一利なし」の感のある習熟度別授業であるが、はたして子どもたちは、こうした授業をどう受け止めているのだろうか。おそらく、自他の客観化が芽生え始めた小学校中学年の「低学力」の子どもたちは、「勉強がわからない自分」「だめな自分」という自己概念をさらに強めていくことが予想される。

小学校高学年から中学生にかけ思春期を迎えるようになると、「低学力」の子どもたちにおいては、「だめな自分」と、「子どもでも大人でもない切り裂かれた自己」が交錯する中で、彼らは自己のよりどころをますます失い、自尊心を低下させ、孤立感を深めてしまうのではないだろうか。「高学力」の子どもたちにおいても、「転落」への底知れぬ不安が「引き裂かれた自己」を、さらに不安定な状態へと押しやることは容易に推測される。

(2) ともに学びあう中での自己形成
——切り裂かれた自己の再構築を目指して——

① 人格形成の縦の糸をつむぐ学び——時間的展望のなかで——

性的成熟により切り裂かれた自己を経験する思春期の子どもたちの人格形成にむけて、もっとも必要なことは一体何なのであろうか。

子どもでも大人でもない、思春期の子どもたちが、親や教師たちに反発しながら、自分とは何か、勉強とは何かについて葛藤し、ときに傷つきながら、それでもなお、生きていかなければならない、その苦しみを乗り越えるときに、支えとなるものは何なのだろうか。

それは、一つには、時間的展望をもって自己を見つめることであるように思われる。

いまは傷つきやすく、情緒不安定で、身も心もボロボロの思春期を過ごしているけれど、いつかこの状態を抜け出すことができる、抜け出してしっかりと自分の足で大地を踏みしめて自立した人間になっていく——こうした将来のビジョンをもつことが、思春期の苦しさを乗り越える上で、新たな自分づくりへのエネルギーとなるのではないだろうか。

それでは、現代の思春期の子どもたちは、いかなる時間的展望を持っているのであろうか。ＮＨＫ放送文化研究所［2003］が、中・高校生に対し一九八二年から二〇〇二年まで縦断的に行った調査を見てみよう。まず、「今の日本はよい社会だ」に対して、中・高校生ともに、一九八二年から二〇〇二年にかけ「そう思う」がおよそ半減し（中学生34.2％→15.2％、高校生34.3％→16.7％）、「そう思わない」が大幅に増加している（中学生49.1％→74.6％、高校生52.9％→74.4％）。

次に、「しっかりと計画を立てて、豊かな生活を築く」は、中・高校生ともに若干減少し（中学生15.3％→14.5％、高校生18.3％→14.5％）、「その日その日を、自由に楽しく過ごす」が中・高校生ともに増加している（中学生36.0％→45.4％、高校生30.7％→35.5％）。

すなわち、中・高校生は、今も昔も、多くが日本の社会に対しては否定的であるけれども、特に最近は、その傾向が高くなり、目的や計画をたてて豊かな生活を築くよりも、その日その日を楽しく過ごす方がいいと答える生徒が多くなっているということになる。

今の日本がよい社会であると思えず、その日その日を楽しく過ごせればよいという若者たちの増加は、長引く不況やそのことによる中高年のリストラ、若者の就職率の低下*、ニ

＊いわゆる団塊の世代が大量に定年退職する二〇〇七年前後は、一時的に若者の就職率が上昇することも考えられるが、経済はいまだに低迷期を脱したとは言えず、今後も若者の就職受難は、当面続くことが推測される。

ートと呼ばれる青年の増加などを見聞きする中で、「努力しても報われない社会」という思いを強めているからであろう。

こうしてみると、情勢が不安定で先が見えない時代に生きている思春期の子どもたちにとって、将来の展望を見据えての自己形成は非常に困難であることが推測できる。

それゆえになおいっそう、時間的展望を踏まえた学びの中での自己形成を促すことが必要であると思われる。今の日本を生きる思春期の子どもたちは大変だと共感することは大事だが、共感だけでは不十分なのである。共感し、なおかつ将来を展望する中で、すなわち人生を縦につむいでいくことができるような形で、子どもたちが自己形成を深められるような学びが求められているのである。

② 人格形成の横の糸をつなぎあう学び――横の糸をつむぐ――

思春期の人格形成の縦の糸が時間的展望であるとすれば、人格形成をはぐくむ横の糸は何であろうか。それは言うまでもなく、横のつながり、すなわち人間関係である。次に、中・高校生の人間関係についての意識を見てみよう。

落合［1989］は、孤独感の変化についての研究を行い、中学生の孤独感は、「人間同士の理解・共感にかかわる可能性についての感じ方」と「理解者の有無」という二つの対人的な要因によって特徴付けられていることを明らかにした。そして、高校生になると、二つの対人的な要因は統合され、新たな次元として「自己（人間）の個別性の自覚」が孤独感に関連してくるという。言い換えると、中学生においては、人間は他者と理解しあい、共感しあえる存在であるということを彼らが自覚すること、それに加え、自分を理解してくれる他者が存在するとの思い、この二点が中学生たちの孤独感を和らげ、心の安定に導かれる。さらに、続く高校生においては、こうした対人関係の自覚に加え、人間が本来一人であることの認識が芽生え、一人であればこそなおのこと他者と心を通わせあい、理解・共感していくことの重要性を自覚する。

中・高校生ともに共通の軸は、他者と理解し、共感しあえる関係をしっかり作り上げ、自分を理解してくれる他者の存在を自覚することである。

彼らにとってもっとも信頼できる他者はやはりなんといっても、同じような悩みを背負い、心身ともに傷ついている同年齢の仲間たちであろう。「親とうまくいかない」「先生がムカつく」などの共通の話題を通して彼らは、「悩んでいるのは自分だけではない。みな同じなのだ」との思いを抱き、他者理解や共感が深められることであろう。

思春期における他者はむろん仲間達だけではない。親や教師、ひいては周囲のおとなたち*もまた、子どもたちにとっては他者である。我々おとなは、思春期の子どもたちが、社会的な権威や力に対し、身を引裂かれる思いで反抗しながらも、どこかで他者とつながりたい、共感しあいたいという願いを切にもっていることを自覚しなければならない。反抗期だから、大人の言うことを聞かないからと彼らとの間に距離をおくのは誤りである。反抗期であり、心身ともに切り裂かれるときであるからこそ、他者と理解しあえることや共感しあえることをしっかりと学べる環境を保障しなければならない。

＊二一世紀に入り、都市部を中心に広がりを見せている学校選択制は、子どもと地域との関わりを希薄にし、子どもたちの孤独感の高まりに拍車をかけていることが推測される。また、この制度は、学校や教師たちへの競争原理の導入という問題をもたらしている。大人たちもまた「切り裂かれた」存在なのである。

4 子どもの自己形成をはぐくむ学びの実践
――縦の糸と横の糸をつむぐ学びを通しての自己形成――

ここで紹介するのは、二一世紀になり初めて迎える中学新入生にたいして、三年間を見据えての「学び合う共有空間」の豊かな創造という学年づくりの方針の元で行われた総合学習・社会科学習の教育実践［滝口、2004］の抜粋である。

三年間にわたる学習を通しての、平和な社会をつくる主権者を育てるという長期的な人格形成の視点にたっての、仲間とともに学びあう空間づくりは、切り裂かれた自己を経験している思春期の子どもたちの自己形成をどのように促しているのだろうか。

ここでは、三年間にわたる総合学習*・社会科学習を通しての自己形成の足跡を、ある女子生徒のレポートを縦断的に垣間見ながら、たどってみたい。

●今まで話したことのない、まさか話す機会があるとは思ってもいない大人の方々と会い、話をしたりと、とても新鮮な気持ちになりました。私たちの班は板橋区役所に行き、板橋区や東京都の環境状態について調査しました。その時も大勢の方々が働いている中で話を聞き、このようにたくさんの人たちのおかげで町が守られているんだと感じました。ふだん私たちが知らないところでも、たくさんの人が働いているからこそ、私たちは快適な生活を送ることができるんだと、目の前で働いている人たちの姿で知ることができました。

＊総合学習とは、一九九八年指導要領で導入された「総合的な学習の時間」をさすが、これはまさに、「生きる力」すなわち「自ら学び、自ら考える力」を具現化する学習であり、当該指導要領の「目玉」であるといえる。

訪問を終えてからは、すごい学習をしてきたという満足感と充実感でいっぱいでした。…この地域に住む一人ひとりの優しさや思いやり、助け合いの中で毎日生活し、成長している私たちはとても幸せです。**学年全体が集まると一つの町について、こんなに知る事ができるのかと、自分たちの力に驚いてしまったくらいです。この総合学習で一人ひとりが何かを感じ、自分自身の思いを持った**と思います。この経験はいつまでも忘れる事なく、いつか、何かの役に立つと私は思っています。地域から学んだ事を、今度は私たちが毎日の生活に生かしていけるといいと思います。そして、**ふだん地域からもらっている優しさや思いやりを今度は私も、地域に返していきたい**と思いました。（以下、引用中太字は原文のまま）

（1）一年生——地域の人々のやさしさ・思いやりを学ぶことのすばらしさを実感する——

「地域を学ぶ・地域に学ぶ」総合学習を通して、学んだことをテーマにした「第二回学年ミニ弁論大会」スピーチで、衣呂葉さんは、地域の人々の思いやりを実感するとともに、地域の中で快適に生活できる幸せを表現している。また、グループでの学びあい、さらに学年全体での学びあいを経験し、みなで学びあうことのすばらしさが表現されている。

総合学習では地域が取り上げられることが多いが、とくに思春期の子どもたちにあって、横のつながりの重要性を考えるならば、こうした学習を通しての、「地域の大人たちによって支えられている」との発見*は、ややもすれば家族や友人関係で孤立しかねない生徒た

＊学校選択制が導入されている現代こそ、こうした学習が必要である。

ちにとって、大きな心の支えになると思われる。

(2) 二年生――平和への思いから平和な社会をつくる行動へ――

一年生の二学期の九月一一日に生じた同時多発テロを契機に行われた一連の「アメリカ」学習の中で、衣呂葉さんは、「テロ対策特別措置法」に対する意見を以下のように述べている。

●私は9・11のテロが起きてから、今まで、日本は戦争をしないと思っていた。けれども、日本には沖縄の米軍基地があるから、何らかの形で関わる事になると思っていた。だけど、このぐらいにしか思っていなくて、まさか日本が参戦するなんて、思いもよらなかった。でも、自衛隊派遣の話になったり、完全に戦争状態になってくるとわかって、本当に驚いた。でも、今ここで、テロ対策法が成立してしまうと、2年間だけの法律といわれているけれど、まだ、戦争が続いていたら、2年という期間は延びると思う。そうしたら、そのうちに憲法九条はなくなってしまうのではないかと思った。

報復が始まったばかりの時は、アメリカはさかんに、民間人には絶対に被害を出さないといっていたのに、今では、誤爆のニュースばかりだ。日本が参戦したということは、日本にとってはもちろん、外国にもいろいろな影響があると思う。それなのに、日本では、何事もなかったように国民が生活していて、危機感を感じている人も少ないと思う。戦争で、国民がぎせいにならなかったことなどないのに、まして、アメリカの基地があるとなったら、被害を受ける可能性は大きいと思う。だけど、私たちは、普通に学校で授業を受けている。この現実と日本が参戦したいという現実があまりにもちがっていると思った。

ビンラディン氏が実行犯だとしても、確実じゃないし、一人を倒しても、次々とテロ実行グループの人はいるのだし、テロがこれで根絶したなんてあり得ないのだから、私は何だか違うように思った。自衛隊が戦地に行くのだから、テロ対策法は、参戦法という名前のほうが、内容にふさわしいと思った。

こうしてみると、一年生のときの文章には、アメリカや日本の状態を客観的に見つめる視点や、自衛隊派遣による国内への影響の危惧、しかし危惧とは裏腹な日本の「平和」な生活とのギャップなどが記されており、大人社会への批判はまだ明確には見られないものの、「テロ対策法は、参戦法という名前のほうが内容にふさわしいと思った」のくだりには、大人社会への批判の萌芽がはっきりと読み取れる。だが、この時点では、「状況を打破するために、自分は何ができるのか」との思いはまだ生まれていない。

二年生になり、「板橋区平和都市宣言」を入り口にして、「板橋から広島・長崎、そして世界へ」をテーマにしての平和学習（総合学習）が行われることになり、平和学習とリンクする形で日本地理・選択社会において、広島・長崎の学習が進められていった。この学習では、ＮＨＫ衛星放送『祈るように続けたい――吉永小百合・原爆の詩十二篇』（一九九七年八月放送）を滝口が自主編集したものをはじめ、滝口自らが撮影した『世界の子どもの平和像（東京）』の除幕式の映像などが教材として使用された。

この学習の後、衣呂葉さんは、次のような感想を寄せている。

●私は核のない、平和な世界を心から願っています。だけど思っているだけで何も行動に移していません。「ふりそでの少女像*」、「世界の子どもの平和像*」に参加した人たちは本当にすごいと思いました。…**（この二つの像は）ともに、平和を核のない世界を求めている人間の心のかたまり、姿だと私は思います。だから、私は、すごいと思っているだけでなくて、何かやってみたいと思いました。こう、私が思うようになったのも、日本の子どもたちの作った二つの像のおかげです。**こんなふうに、気持ちはみんなに伝わっていきます。私は絶対にそう思います。像の幕がとられたその時、平和への第一歩を踏み出した、そうだと思います。

ここには、一年生のときには見られなかった平和を実現する決意の表れがみてとれる。この決意の表れは、「中学生広島平和の旅」への応募・参加へと結びつき、さらに一九五四年のビキニ事件の追跡調査（第五福竜丸の母港である焼津港の訪問）などの学習を通して、平和への思いを強めていくことになる。

ふりそでの少女像
長崎の原爆で亡くなった九歳の娘さんの供養のためにお地蔵さんをたててあげたいとの、京都府綾部市の福留志なさんの願いを受けとめた綾部中学校の生徒会が中心となって、一九九六年に長崎原爆資料館に建てられたもの。

世界の子どもの平和像（東京）
一九九六年原水爆禁止世界大会に参加したアメリカのトラビス君の、「世界中に『世界の子どもの平和像』を作るのがぼくの夢」との呼びかけに応え、東京の高校生たちが、平和像建設に取り組んだ活動で、二〇〇一年五月に、江東区政治経済研究所に建てられた。

(3) 三年生――学び合いから「平和をともにつくる」行動の結実へ――

二年生から三年生への進級の時期に始まったアメリカのイラク攻撃にたいし、衣呂葉さんは、アメリカのみならず、日本や国連に対しても批判を加えている。

（前略）戦争といっても、私は、今回のイラクに対しての戦争はどうみてもアメリカの一方的な侵略にしか見えない。そもそも私は「なぜ戦争をする?」というアメリカの理由がはっきりしなさすぎるとずっと感じている。イラク国民の解放といっているが、私には侵略、駐留にしか考えられない展開になっていると感じる。私たち世界中の人々が集まり、戦争反対を叫んでいる。その声は日に日に大きく、強くなっているというのに、戦争は日に日にすさまじさを増し、なんか悲惨な戦争になっている。（中略）そのアメリカに日本は同調し、支持を表明した。日米安全保障条約がある限り、日本はアメリカの考えにどんなに本当は反対でもついていかなければいけない国なのか?考えただけでもぞっとする。信じられない事だと思う。…なんで国民が戦争反対という形であったり、集会という形であったりして行動にまで出ているのに、国の政治なのに国は戦争をするのだろうか?こんなに多くの世界の人々が反戦を思い、デモという形であったり、集会という形であったりして行動にまで出ているのに、国の政治家だけが戦争をしたがってるなんて、国民まで戦争実行派にまきこまないで、といいたい。**私は、戦争を支持した国の人間というのは嫌だから。**

（中略）とにかく私は、世界が国連が戦争を止められなかったことが信じられない。

国連って何のためにあるのだったのだろう。まだまだ、私の中では理解できない事であふれていくばかりだ。「残念だった」で済む問題ではないでしょう?と聞きたい。

世界は今、この戦争を体験し、反戦の心を大きくし、今までにはないくらい強い力になっているのは感じる。けれど、話し合いで戦争をなくせる時はまだきていない。そんな時代は私たちが作っていく。そう、私は強く思う。（後略）

ここには、教授者の滝口も述べているように、主体的に平和学習を積み重ねるなかで培われてきた、大人社会への鋭い視点、さらに、自分自身が社会を作っていくのだという自覚が読み取れる。

そして、平和学習の集大成として、「愛吉、すずのバラ」*の地植えが三年生全員の取り組みとして行われ、三年間の総合学習・社会科学習を通しての平和学習の総括として、卒業式の答辞に次のような文章を残している。

●「社会科」という教科はどんな教科なのだろう。この三年間、私はずっと考えてきた。今でもこれだという答えはうまく見つからないけれど、私たちにとって、自分の生き方・考え方を考える教科だったように思う。そして、私は、本当のことを知ることの難しさ・大切さを学んだ。地理・歴史・公民では、自分の知らなかったことを学習することで、さまざまなことを考え、いろいろな見方があることを感じた。総合学習では、多くの情報のなかから自分が引き付けられることを見つけること、事実を知

愛吉、すずのバラ
一九五四年マーシャル諸島ビキニ沖でのアメリカ水爆実験により被爆し、半年後に死亡した第五福竜丸の無線長久保山愛吉さんが愛好したバラを、妻すずさんが育て続け、一九九三年のすずさんの死後、バラが株分けされ、バラを愛する心を通して平和を広める運動として発展していった。

ること、そして真実を見抜く見方を持つことを学んだと思う。平和学習は私にとって本当に重いものとなった。平和という言葉一つでは表すことのできないようなことを多く学んだ。社会科学習、総合学習、私は自分でも驚くくらいさまざまな事を考え、感じ、そして書いてきた。それは今、三年間を過ごしてみて本当にかけがえのないものだとわかった。

　私は、つねにどの学習でも「人々の強さ」を学んできたように思う。どの学習をしても、人々はどのような状況でも立ち上がり、行動してきた。自分の求めることを実現させるために、訴えてきた。私たちにとって大切なこと、私たちの持っている力はまさしくそれではないだろうか。その事について深く知り、考えていなければ訴えることはできない。私たちがこれから生きていくなかで、社会を担っていくなかで必要なことではないか。私たちは過去を知り、事実を認めなければいけない。新たな社会をつくっていく私たちは自分とちがうことも受け入れる力を身につけなければ平和を築くことはできないと思う。暴力を使わずに、権力で押しつぶさずに、社会をつくり上げることを私たちはこれらの学習で感じてきたように思う。間違っていることは間違いだと言える社会、9条を誇りに思える社会、そんな日本を担っていくために社会科学習は大きな意味を持っているのかもしれない。**私たちの持つ力は無限だと知った。**

この文章から、衣呂葉さんが、社会科や総合学習を通して、今まさに世界中で起こっている戦争やテロ、あるいは日本をはじめとする世界中の過去に起こった戦争や核爆弾の投下、核実験、放射線事故などを詳しく、また具体的に学ぶ中で、戦争とは何か、平和とは何かへの問いかけを深め、同時に自分の生き方についても思いをめぐらすようになっていったことがわかる。

また、本当のことを知ることの難しさ・大切さや、「人々の強さ」を知り、何かを訴えていくためにはそのことについて深く知り、考えていくことが重要であることを説いている。

三年間にわたる平和学習を通しての衣呂葉さんの自己形成を次のようにまとめることができる。

まず、一年生では地域の学習により、自己が地域の人々の支えにより生きているとの自覚を得ながらも、一方ではアメリカ学習などを通じて、大人社会への批判の萌芽を見ることができる。また、グループ学習や発表という学習を通して、仲間と学びあうことのすばらしさを体感している。

二年生では地域の戦争遺跡の学習を起点として、広島から長崎、そして世界へと平和学習を、歴史的かつ世界規模で進めていく中で、「平和を実現する決意」の自覚が現れるとともに、「広島平和の旅」を経験し、平和を実現する活動の第一歩を踏み出したといえる。

三年生になると、アメリカのイラク攻撃に関して、日本・アメリカ・国連などの大人社会への鋭い批判の高まりの中で、社会の担い手としての自覚が感じられる。また、三年間の平和学習を通して、人間の可能性や自己の生き方という将来的な展望にかかわる学びへと発展していった。

中学校の三年間という時期は、思春期の真っただ中にあり、身体も心も切り裂かれてしまい、ただでさえ孤独感にさいなまれる年齢である。加えて、思春期に多発するいじめや不登校は、孤独感をますます強めさせる恐れが大いにある。また、高校受験を控えている三年生においては、「友達はみなライバル」との思いが強まり、受験勉強のストレスが高まることも手伝って、孤独感はますます強まり、切り裂かれた自己の再構成にさらなる支障が出ることも考えられる。

今まで見てきた滝口［2004］の「学びあう空間作り」を掲げた実践は、孤立しがちな思春期の横のつながりの強化、過去・現在・未来の平和（戦争）学習を通しての時間的展望をふまえた自己のあり方（生き方）についての考察の可能性という二点において、人格発達的に非常に意義のある実践といえる。

思春期の生徒たちの横の糸（人間関係）と縦の糸（時間的展望）を統合的につむぎあう学びを通して、自分は一人ではないこと、自分が現在から将来にむけ社会を変えうる存在であること、大勢の仲間やさまざまな人々との連帯によってその可能性は高まっていくことなどを学び取ることのできる実践である。

衣呂葉さんの、平和学習をとおしての人格発達の軌跡は、人格発達のプロセス、「学びあう空間作り」、教科と「総合学習」の統合、タイムリーに生じた出来事をとりあげながらの系統だった学習内容の構成などの、確固たる教育理念にもとづく豊かな教育実践と、それを通しての、衣呂葉さんの学習意欲の高まりとの相互交渉により導かれたのである。

5　おわりに

一九九〇年代初頭以降の「新学力観」による教育、引き続いて二一世紀を迎えてからの「生きる力」による教育、習熟度別授業の普及と、教育システムの大きな転換の中で、多くの子どもたちが、仲間と「学びあう」機会を奪われ、焦燥感や孤独感を高めている。思春期にあり、心身ともに切り裂かれる段階にある子どもたちにとって、現代の学校教育のあり方は、切り裂かれた自己をいたずらに解体させる恐れを内包している。思春期はいかなる時代にあっても人生における最大の危機であるが、現代という時代は、彼らの人格的な危機を拡大させる危険性をはらんでいることをわれわれは認識しなくてはならない。

長引く不況で将来の展望が描けず、「いま、ここ」での要求の充足に甘んじている現代の思春期の子どもたちに必要な学びとは、仲間や教師とともに学びあう中で、横のつながりを強め、過去・現在・未来（時間的展望）をふまえての学習を通して、自己が歴史的に連続した主体であり、未来に向かって自己が拓かれている存在であることを自覚するような学びに他ならない。

そうした学びを通して、切り裂かれた自己は、自己の再構築へのきっかけを作っていくことができるのであろう。

（田口久美子）

引用・参考文献

馬場久志　1995　「新しい学力観を考える」『青少年問題』　三月号　青少年問題研究会

藤崎克己（編）　1990　『4年9組のたからもの—子どもの生活詩集から』筑摩書房

福田誠治　2006　『競争やめたら学力世界一　フィンランド教育の成功』　朝日新聞社

日野林俊彦ほか　2004　「発達加速現象の研究・その18」『日本心理学会第68回大会発表論文集』1132p.

苅谷剛彦　2002　『教育改革の幻想』　ちくま文庫

文部科学省　2003　「公立小・中学校教育課程編成・実施状況調査」

文部科学省　2006a　『平成一七年度学校保健統計調査』文部科学省ホームページ（http://www.mext.go.jp/b-menu/toukei/001/003/17/06030312/002.htm）2006.09.15

文部科学省　2006b　「2、一人ひとりの才能を伸ばし、創造性に富む人間を作成する」文部科学省ホームページ（http://www.mext.go.jp/a-menu/shougai/21plan/main_b2.htm）2006.9.15

成田國英　1991　「支え、学び合う学習活動をつくる」『初等教育資料』八月号　文部省

NHK放送文化研究所（編）2003　『NHK　中学生・高校生の生活と意識調査』日本放送出版協会

日本教育方法学会（編）2004　『現代教育方法事典』図書文化社

落合良行　1989　『青年期における孤独感の構造』　風間書房

岡本夏木　1977　「ピアジェの知能の発生的段階説」『発達の理論』村井潤一（編）　ミネルヴァ書房

奥田真丈ほか　1992　『絶対評価の考え方』　小学館

坂元忠芳　1994　『新しい学力観の読み方』　旬報社

佐藤　学　2004　『習熟度別授業の何が問題か』　岩波ブックレットNo.612　岩波書店

高岡浩二　1991　「今月の言葉～新しい学力観」『初等教育資料』三月号　文部省

竹内常一　1987　『子どもの自分くずしと自分つくり』東京大学出版会
滝口正樹　2004　『中学生の心と戦争——校庭に咲く平和のバラ』　地歴社
吉田脩二　1991　『思春期・こころの病——その病理を読み解く』高文研

第３部　対人関係のなかでの子どもの自己形成

第5章　仲間に対する寛容の精神（友人関係）と子どもの自己形成

1　はじめに

戦後、民主的な社会の建設という明るい展望の下で、少年少女や青年の友人関係＊について、多くの人が注目しました。高度経済成長期に入る頃出版された『心理学事典』の「児童期」の項目のなかで、山下俊郎［1957］も、友人関係（friendship）や徒党時代（gang age）を取り上げています。

しかし、友人関係を含む社会的発達についての心理学的研究は、しばらくの間、表舞台から姿を消してしまったように見えました。そして、社会性や友人関係が取り上げられるようになってからも、乳幼児期の研究［井上・久保、1997］が先行し、思春期を対象とする研究は、「いじめ」や「不登校」や「ひきこもり」などの社会的関心の急激な高まりにもかかわらず、積極的な研究の対象とはなりませんでした。

そのような中で、総務庁青少年対策本部［1991］の『平成二年版青少年白書』は、一般の書物ではありましたが、「青少年の友人関係の現状」を特集し、研究にも刺激を与えました。研究という点では、一九八五年以降、とくに一九九〇年代になって、やっと多くの

＊仲間関係（peer relationship）と友人関係（friendship）を区別する立場［岡、1999］もあるが、ここでは明確な区別をしないで取り扱うことにする。

報告が行われるようになってきました。

現在も、人間の精神発達に占める重要な位置、とりわけ、思春期における、あるいはその後の生涯にわたる精神的健康への影響力の大きさを考慮すると、日本においては、相対的には、いまだ研究蓄積の薄い領域に留まっています。とくに、「問題を持つ子ども」ではなく、「一般の子ども」における友人関係について、それを痛感します。

2　友人関係の発達と自己形成

(1)　ギャング・エイジと自己形成——小学校高学年期の友人関係——

古くから、小学校中学年から高学年、あるいは中学校の前半までの時期は、ギャング・エイジ［小林、1968］と呼ばれてきた。先にあげた事典のなかで、山下は、「児童のつくる徒党は、男児の方に多いが、八～九人ぐらいの仲間がもっとも多く、そのメンバーはひじょうに緊密な結合をし、規約にしたがい、相互にかばいあい、共有財産や秘密の集合場所があったり、隠語があったりして、高度の社会的組織を持っていることが多い」と特徴づけている。彼らは、大人の勢力圏を離れて、自分たちの生活の場を築き、仲間たちと価値観の共有をはかる。現在は、ギャング・エイジの衰退が指摘されてはいるものの、これらの記述が、ほぼ五〇年後の今日とほぼ同じ内容であることに驚かされる。

小学校の中学年期を過ぎると、自分を見つめるもう一人の自分が住みはじめ、自分と対話しはじめる。それまでは、サッカーをしている自分が見られているなどとは思ってもみなかった。ひたすらサッカーに熱中していた。この自分にすきま風が入ってくるようになる。もう一人の自分の目から自分を見つめると、何とはなく、「せつなさ」や「はかなさ」を感じたりもする。活動とともにあった自分が、そこから分離されてくる。* このような自分自身の内的世界の自立と独立は、青年期以降を待たなければならないが、内的世界の自給自足へ向けての歩みが、この時期に始まっている。

別の視点から見ると、内的世界の自立・独立とは、何の疑いもなく、親や大人たちの行動の準拠枠や価値観に従属していた子どもたちが、これを疑いの目で見るもう一人の自分の成立とともに、自分たち自身の考え方や準拠枠の下で行動する可能性を手に入れたということができる。従来から、青年期における「他律」から「自律」への移行が指摘されているが、児童期後期は、この移行の過渡期にある。

小学校中学年から高学年の時期であるギャング・エイジ* は、トム・ソーヤの冒険に代表されるように、同性の仲間による活発で自主的な集団的活動によって特徴づけられてきた。また、ギャング・エイジの仲間たちとの生活には、子どもたち自身の行動を支配する、彼ら自身が創出した、その仲間に特有の「仲間律」とでも形容される規律すなわち行動規範のあることが知られている。子どもたちは、この仲間律を準拠枠として、さまざまな活動を展開する。彼らが手に入れた仲間律は、他律から自律への飛躍のための格好の踏み台となる。

しかし近年、ギャング・エイジの崩壊が各方面で指摘されている。もしも、①ギャング・

*表象の成立する一、二歳頃の変化が、はるかに高い段階において展開しつつあることを反映している。

*ここでは、ギャング・エイジをすべて肯定的側面から取りあげている。しかし展開の仕方によっては、古くから、山根［1957］も指摘するように、反社会的な「不良少年集団」の出発点に位置づけることもできる。

エイジが、大人の権威に従った他律的な価値意識からの脱却を可能にし、次の段階において自分自身の自律的な価値意識の下で生きるための過渡期にあって、飛躍の踏み台としての役割を果たすものであり、②その喪失が、次の段階での「健康な」集団的活動の展開を阻み、「いじめ」や「不登校」や「ひきこもり」と関連していると位置づけられるならば、ギャング・エイジにおける自主的集団的活動や「仲間律」の意義を再確認し、日常の子どもたちの生活を建て直すことが求められるのである。

私たちは、最近、四国西南部の過疎地域の山村と漁村に住む小学校高学年児童を対象に、三〇年間の生活の変化について調査した［渡辺、2004a／渡辺・友寄、2005］。そこでは、自然に恵まれた地域においても、遊びの家の中化が男子児童にも進行し、遊びの内容についても、男女ともゲームが群を抜いて第一位を占めるようになっていた。* 山村の小学校高学年児童に遊びの場所を三ヶ所書いてもらった結果を**表1**に示している。大人の地域社会へ向ける眼差しの変化とも呼応して、非日常の世界である盆踊りやお祭りについては、三〇年前と比べて、踊り手となったり出し物に参加するなど、積極的に関わる児童が増えていたが、日常の世界である遊びについては、地域社会と分断する流れが継続していた。ここには、日常の世界にまで大人の眼差しが行き届いていないことが示されている。

また、小学校の低学年から高学年にかけて、友人の選択理由が変化することも知られている。低学年における物理的機能的近接による選択から高学年における性格などの内面的理由による選択へと移行する［明田、1995］。表面的な友人関係から内面的な友人関係への移行［渡部・佐々木、1996］は、友人との葛藤やトラブルあるいはストレスを生み出し、

*同様な結果は、以前から多数報告されている。二〇年前の小学校高学年児童を対象とする調査［福武書店教育研究所、1986］でも、既に男子では、遊びの内容として、ファミコンが第一位（48.2％）を占めていた。よく遊ぶ場所についての小学校高学年生と中学生を対象とする調査［厚生省児童家庭局、1986］でも、「自分の家」が79.8％で最も多かった。

表1　調査年別・性別に見た遊びの場所（％）

1973年				2003年			
男		女		男		女	
学校・運動場	23.2	家の中	39.2	家の中	51.7	家の中	52.7
家の中	20.1	学校・運動場	21.0	公園・広場	14.2	庭・家の周囲	18.3
家の周囲	14.9	家の周囲	19.3	庭・家の周囲	12.5	学校・運動場	8.6
道路	8.8	道路	4.5	学校・運動場	11.7	公的施設	7.5
田	8.2	広場	4.5	山	2.5	公園・広場	3.2
山	6.2	川	4.0	川・池	2.5	川	3.2
川	6.2	神社・寺	2.3	道路	1.7	田・畑	2.2
広場	5.7	保育園	2.3	公的施設	1.7	山	1.1
神社・寺	4.1	田	1.7	田	0.8	道路	1.1
保育園	2.6	山	1.1	町	0.8	その他	2.2

多様な情動的体験を与えるが、これらを乗り越えていく過程を通して、子どもたちは、人間関係力*を身につけていくのである［渡部、1993／小石・田花・神藤・竹内、1994／橋本・堀内・森下、1996］。

児童期後期におけるギャング・エイジの崩壊や友人関係の希薄化は、より高い水準における人間関係力の獲得、ひいては彼らの成長と発達全体に暗い影を投げかけている。

(2) 表面的な同調関係と底流における競争関係——中学生期の友人関係——

中学校に入ると、友人関係は親子関係に取って代わって、重要な位置を占めるようになる。他律から本格的な自律へ向けての歩みが急になるからであると説明することができる。総務庁青少年対策本部［1989］の「少年の生活意識と実態に関する調査」でも、悩み事や心配事の相談相手は、小学生ではお母さんが第一位であったのが、中学生では友だちが第一位となり、学年を追うごとに友だちの比重が増していた。中学三年生では、友だちが全体で76.4％に達し、特に女子において、その傾向が顕著であった。同じ調査では、学校生活に比較的満足している者にその満足の内容を問うと、「友だちのこと」が85.6％を占め、次いで「部活動、クラブ活動やサークル活動のこと」が49.0％となっていた。比較的不満を感じる者にその内容を問うと、「友だちのこと」をあげる者が小学校四年生で約50％あったが、中学校三年生では約20％に減少していた。

最近の中学生を対象とする調査［渡辺、2003］でも、学校生活で最も大事なこととして、第一位にあげられるのが、「友だち」であり、「勉強」がこれに続いていた。中国の資料で

人間関係力
同様な力を、セルマンら［Selman et al., 1986／Yeates & Selman, 1989］は、対人交渉方略（Interpersonal Negotiation Strategy）と表現している。そして、その発達的研究［Adalbjarnardottir, 1995］が継続されている。

は、「友だち」と「勉強」の両者が拮抗していた。中国における勉強の重視は、世界でも突出しているが、日本における「友だち」の重視もまた、きわめて特徴的であると指摘する資料が報告されている（図1）［河地、2003］。

しかし、この友人関係の内実を見ると、友人関係とは他律から自律への歩みを後押しするような踏み台となるものであるのか、という疑問が生まれる。もちろん、自律とは一人で生きることを意味するわけではない。他者と自己が共生する前提としての自律である。

友人の数の調査では、日本の友人数の多さがいつも指摘される。東京とベルリンの小学生を比較すると、東京が平均二二・三人であったのに対して、ベルリンでは平均九人程度であった［波多野・高橋、1997］。先にあげた総務庁青少年対策本部の小中学生を対象とする調査でも、仲の良い友人の数として「二〇人以上」と回答する者が最も多く、30.6％を占めていた。NHK放送文化調査研究所世論調査部［1987］の「中学生・高校生の生活と意識」調査でも、親友が一〇人以上と回答した中学生は、21.8％となっていた。しかし、その付き合い方は、「心の深いところは出さない」や「ごく表面的に」という回答が40％を超えていた。従って、友人は多いけれども表層での付き合いが多いと推測される。好まれる友人像としても、「何でも話し合える人」が最も多いが、「ユーモアのある人」、「親切な人」、「やさしい人」とあげる子どもも65％を超えている［総務庁青少年対策本部、1989］。さらに、ふだんよく遊ぶ友人の多くが、「同じクラスの子」なのである［厚生省児童家庭局、1986］。これらの資料も、深い結びつきのある友人ではないことを示している資料として読むことができる。一般に非行少年は友人数が少ないと指摘されることから見ても、

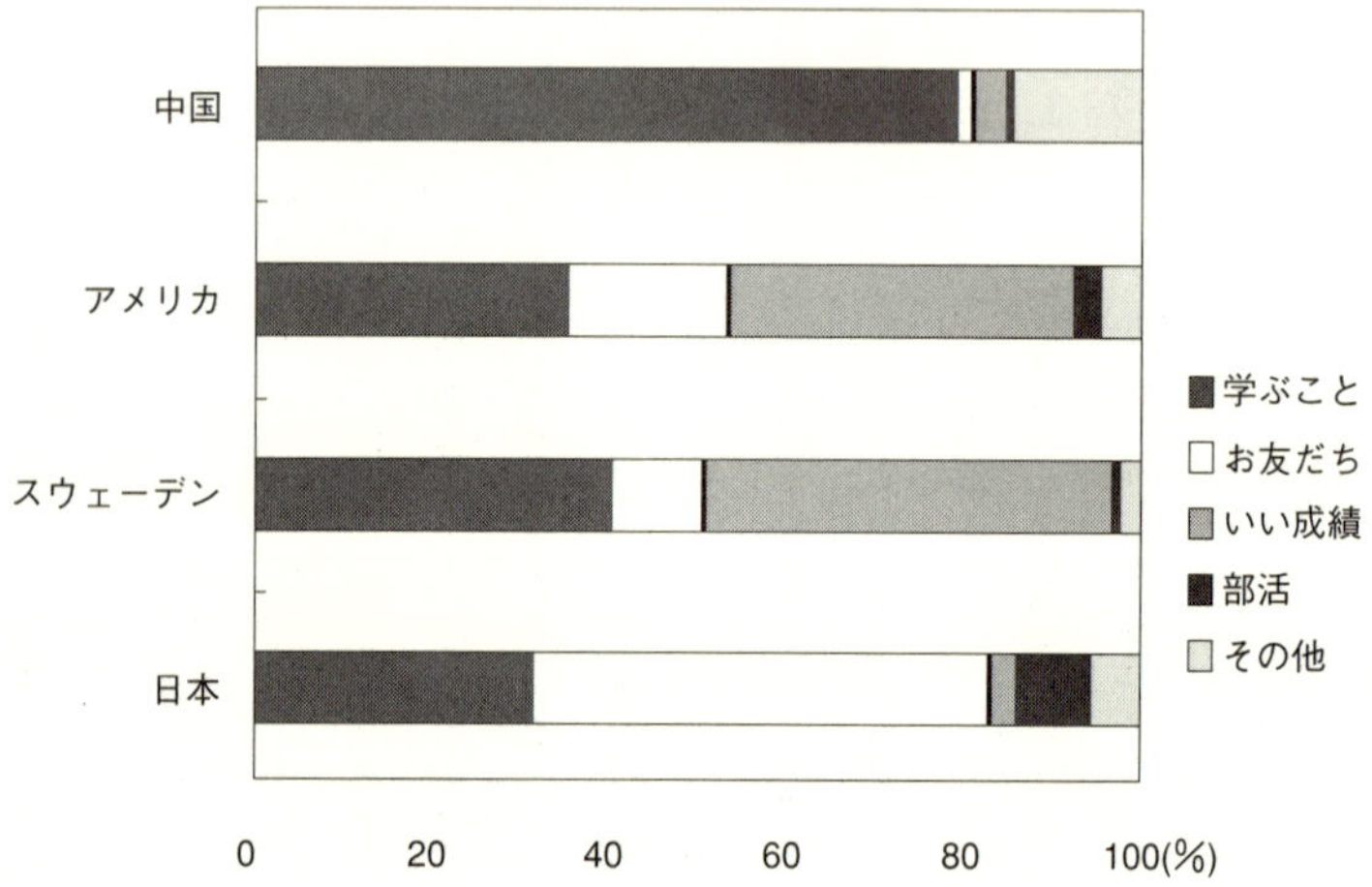

図1　学校生活で大切なことは何か［河地、2003］

友人がいて、しかもそれが多数であるということを否定的にとらえる必要はない。松田[2000]は、従来の友人関係希薄化論に対置して、新しい友人関係の創出を論じている。しかし、友人が多いからそれで良いと楽観することはできないのである。

一九九七年のこどもの日の朝日新聞の社説は、「『普通』って、いいこと?」と問いかけている。郵便局の私書箱「ティーンズポスト」に、「普通にできない」女子中学生が、自分を責める手紙を書いてくるという。そして、「自分の気持ちを押し殺して、波風たてずに生きること。それが普通というのなら、それほど楽しそうじゃない」と語る言葉を取り上げて、自分らしさをなくしていくことに、子どもたちが気づきはじめていると指摘している。日本の思春期の子どもたちは、友人と合わせることに汲々としているように見える。他者と合わせるためには、本音を出してぶつかりあわない表面的なつきあい方にならざるをえない。最近の子どもたちは、「やさしく」なったと言われるが、友人間の関係に気を使う子どもたちの姿が、そこに見出されるのである。携帯電話の普及は全世界的な傾向であるが、子どもが友人間の連絡に呼応して、この連鎖をとぎらせないために、これほど頻繁にメール交換している国は他にはないと言える光景も広がっている。

私たちが、「どんなとき恥ずかしいか、それはなぜか」をきく自由記述調査をもとに「はずかしさ」尺度を構成して、中学生と高校生と大学生に実施したところ、中学生、特に女子において高得点が示されたのは、「友だちとレストランへ行くとき、友だちはきちんとした服装であったのに、自分だけカジュアルな服装であるのに気づいたとき」などの「社会的不調和」を示す項目群であった*(図2)[渡辺、2001]。ここにも、いつも見られてい

*また、「クラスの中で自分の意見を言う場合に、みんなが自分を見ていると思ったとき」などの「注視」も中学生の得点が高かった。

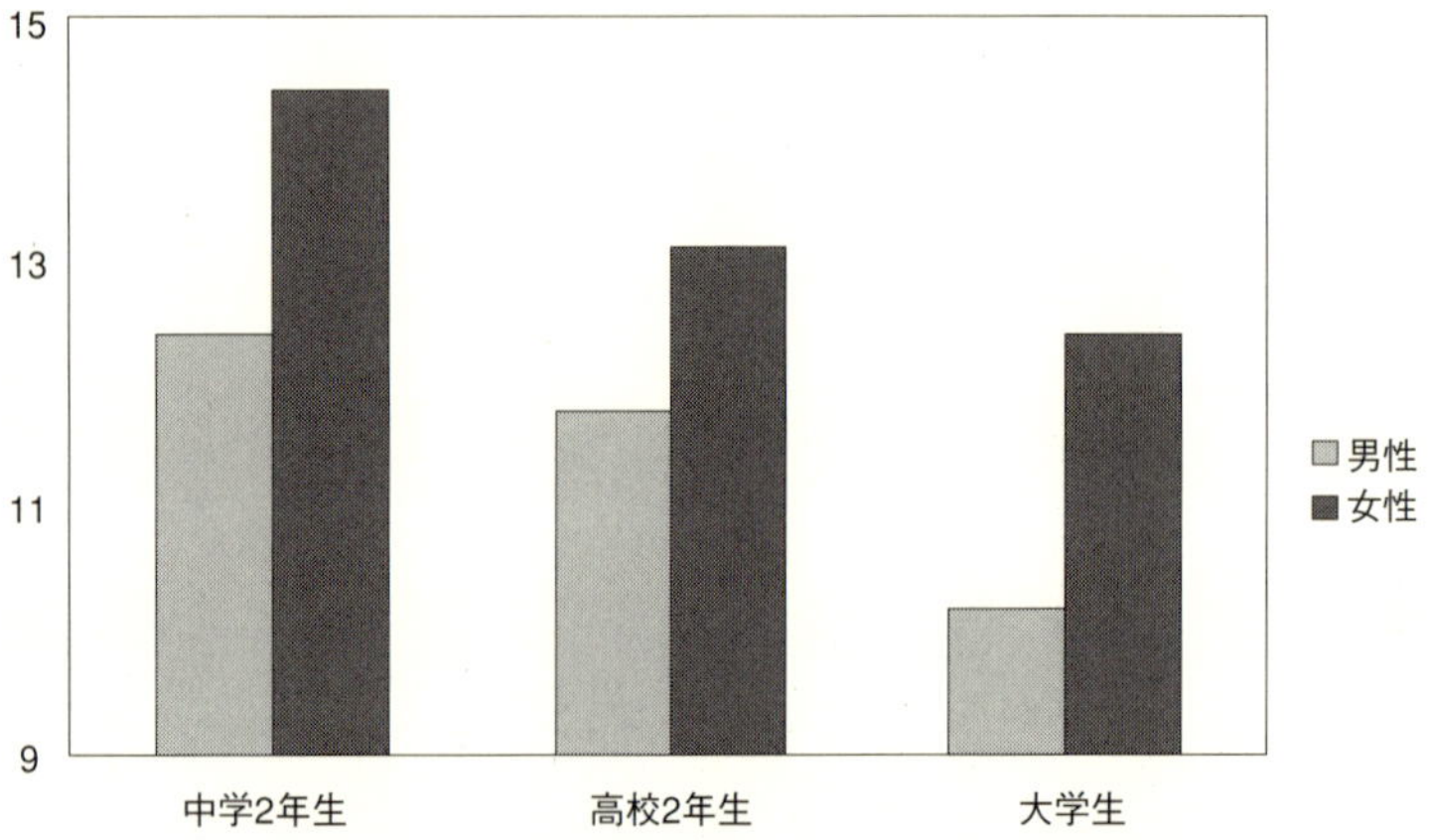

図2　社会的不調和に対するはずかしさ

ることを意識し、他者に合わせる姿が認められる。

子どもたちが、他者の目を意識し、自分を他者に合わせ、自分も他者も傷つかないようにして日々を生きているという指摘は、多くの場でなされている。それでは、同調関係だけが、子どもたちの人間関係と言えるであろうか。

高垣［1991／1999］は、思春期の子どもたちは、「売りもの」や「使いもの」になる能力や特性が「個性」として認められ、幅を利かす社会的関係のなかに投げ込まれているという。そして「市場競争の原理が、教育の場を支配するとき、教育は『売りもの』『使いもの』になる『個性』を獲得するための敵対的な競争の場となる」と論及していく。思春期の子どもたちは、そのほとんどが受験競争、あるいは学力競争に巻き込まれる。近年では、競争の場は知的な面にとどまらず、運動、芸術、性格など多様になってきている。そのような競争社会のなかで子どもたちは、自分の「売りもの」が絶えず求められ続けられている状況のなかにおり、それを持たなければ安心できないところに追い込まれている。

子どもたちの人間関係は、表層には同調関係があると同時に、底流には競争関係があり、思春期の子どもは、この二つの関係のなかで揺れ動いている。

(3) 友人関係の発達の方向
――同質性を求める関係から異質性を受容する関係へ――

青年期の友人関係が、外面的なつきあいから内面的なつきあいへ変化することは、従来から指摘されてきた。落合・佐藤［1996］は、中学生から大学生までに起こる友人関係の変化を、「同調」「全方向的」「防衛的」つきあいから、「積極的相互理解」「被愛願望」的つきあいへ、すなわち、同調的表面的友人関係から内面的情緒的友人関係への変化として示した。また、和田［1996］は、友人関係の在り方に影響を与える友人関係期待を調査し、年齢とともに「共行動」や「自己開示」への期待が減少すること、および「自己向上」や「真正さ」への期待が増加することを明らかにした。

榎本［2003］は、中学生から大学生を対象とする一連の友人関係に関する研究をまとめて、友人関係の発達方向を、次のように論じている。

中学生において、男子の友人との主な活動は「共有活動」であり、女子の友人との主な活動は「親密確認活動」であった。男女間で、外面に表れる交友活動自体は異なるものの、この時期の特徴は友人の求心力であり、ともに「親和欲求」がもっとも強かった。また、「共有活動」や「親密確認活動」と関連する欲求は、男女に共通して、「親和欲求」と「相互尊重欲求」の低さであった。このつきあい方は、友人と一緒にいることを大事にし、相互の個性の尊重をあまり考慮しないものであり、同質性を重要視したつきあい方であることを示していた。この時期に、友人への同一化が始まり、同質性を高め、親から独立する根拠地を形成している姿であると解することができる。

高校生男子の友人との主な活動は「共有活動」と「相互理解活動」であり、友人と一緒に遊ぶことと、お互いの相違点を認め合うことの共存が、この時期の特徴であった。女子の友人との主な活動は、他者を入れない絆で友人との関係を築く「閉鎖的活動」であった。友人に対する欲求では、男女とも、「親和欲求」と「相互尊重欲求」の二つがともに高かった。両性に共通して、この時期のつきあい方が、同質性を求めると同時に、異質性を受け容れるという二つの関係から成り立っていた。ここから、高校生の時期は、同質性を重視した関係から異質性を重視した関係へ移行する過渡期であると推察される。大学生においては、男女とも「相互理解活動」が主な活動であり、友人に対する欲求では「相互尊重欲求」が最も強かった。大学生の友人とのつきあい方が、異質性を受け入れ、お互いの相違点を認め合う関係になっていることが示された。

榎本が実証的に示した中学生から高校生、そして大学生へという友人関係の変化は、常識的な変化であると言えるが、友人関係の変化のベースがこのような方向にあることを確認することは重要である。

3 日本の子どもたちの仲間に対する寛容の精神

(1) 寛容の精神の意義

ユネスコ憲章(一九四六年一一月四日発効)前文は、「戦争は人の心の中で生まれるものであるから、人の心の中に平和のとりでを築かなければならない」という一文から始まっている。

第二次世界大戦時、ナチス・ドイツに追われて、アムステルダムの隠れ家で過ごした少女の二年余の日記『アンネの日記〈完全版〉』の訳者である深町眞理子[1994]は、あとがきで、「アンネの悲劇のもととなった〈異質なものへの不寛容〉は、今日なお、世界各地で新たな紛争をひきおこしています」、「〈異質＝悪〉と見て敵視するのではなく、また、異質なものを同化させようと強制するのでもなく」、「たがいに異質であることを認め、尊重しあってこそ、はじめてそこに、真の平等への差別撤廃への道がひらけるのであり、その第一歩は、相互に相手をよく知ろうとする謙虚さにあるのではないでしょうか」と述べている。

また、昭和初期に二六歳の若さで世を去った童謡詩人金子みすゞ［1984］は、「私と小鳥と鈴と」と題した詩で、「みんなちがって、みんないい」とうたっている。*

冷戦後、世界中で、国家、民族、人種、宗教、階層、文化などをめぐって、異なるものの共生の困難さが表面化している。イラクやパレスチナばかりでなく、日本と隣国の関係も例外ではない。二〇世紀最後の年は、平和の文化国際年であったが、人間の多様性への寛容の問題は未解決のまま、二一世紀へ引き継がれた。とりわけ、アメリカ合衆国の世界貿易センタービルに、二機の飛行機が突入した二〇〇一年九月一一日の同時多発テロ以後の世界は、人間の多様性への寛容とは逆の方向へ進んでいるように見える。人間の多様性への寛容*の問題は、その水準は異なるとしても、いじめに代表されるように、子どもたちの日常生活の場でも切実に解決が求められている課題となっている。

寛容について、心理学的研究はどのように行われてきたのであろうか。寛容とは逆の地点から、すなわち、オールポート［Allport, 1954］をはじめとする偏見研究として、社会心理学的研究が継続的に展開されてきた［Swim & Stangor, 1998］。近年になって、欧米で

＊私が両手をひろげても、
お空はちっとも飛べないが、
飛べる小鳥は私のように、
地面（じべた）を速く（はや）は走れない。
私がからだをゆすっても、
きれいな音は出ないけど、
あの鳴る鈴は私のように
たくさんな唄はしらないよ。
鈴と、小鳥と、それから私、
みんなちがって、みんないい。

＊この寛容さは、他者への寛容さ（相違する他者を受け入れること）と自己への寛容さ（他者と相違する自己を受け入れること）の二つから成り立っている。ここでは、異質性という用語が、基底にある共通性の存在を否定していると受け取られるので、人間の多様性という用語を使用することにした。

は、子どもを対象とする偏見や拒否や排除の研究が、その後の人生における精神的健康の問題とも関わって、盛んに報告されるようになってきている[Fishbein, 2002／Leary, 2001]。その一方で、人種や性ではなく、一般に見られる諸特徴の寛容研究として行われた研究、とりわけ、わが国において、その発達的研究は、ほとんど報告されていない。

私たちは、その間隙を埋めようとして、小学校高学年から高校に至る子どもを対象に、一連の研究を蓄積してきた[渡辺、1994／2001／2004 b]。ここでは、これらの研究に依拠して、思春期の子どもたちの寛容さの実態を明らかにしながら、日本の子どもたちが多様な人々との共生への道を歩みはじめるには何が必要であるかについて考えてみたい。* 寛容について、これが真実であると、説得力を持って展開するには不十分な状況にある。従って、研究資料を素材として、読者と一緒に考えを進めることができれば幸いである。

(2) 何が他者と自己の違いなのか?

① 自己と他者の違いの認知と受容

寛容さの検討の前提として、何を人と人の相違としてとらえるかが問題にされなければならない。私たちは、友だちと自己を比較し、どんなところが違っているかを、小学校四年生と六年生の子どもたちに質問して、その自由記述による回答を分類した[渡辺、2001]。運動能力、知的能力、芸術的能力、身体的能力、好み、性格、行動的特徴、考え方、所属・処遇などのカテゴリーの出現頻度の学年差を検討したところ、四年生に多かったカテゴリ

＊言うまでもなく、障害や貧しさに寛容であることは積極的な意味を持っているが、攻撃性や意地悪などの否定的特徴に寛容であることが肯定的か否定的かについては議論の余地を残している。むしろ、場合によっては、否定的な特徴に不寛容であることに積極的な意味を担わせることができる。

ーは、運動能力、知的能力、および芸術的能力といった比較的具体的に確認できる「能力」で、六年生に多かったカテゴリーは、好み、性格、および考え方といったより抽象的で目に見えにくい「性格・志向」であった。また、性差も存在し、能力に代表される優劣基準に基づく相違の認知が、四年生と男子に特徴的で、性格や志向などの質の相違の認知が、六年生と女子に特徴的であった。他者と自己の相違の認知は発達的に変化し、性差も認められるのである。

これらの相違の受容を、「友だちと違っていることについて、あなたは気に入っていますか、いやですか」という質問によって検討すると、女子が男子より受容が困難で、また、相対的に、身体や能力の受容度が低く、志向や性格の受容度が高かった。

さらに、これらの他者と異なる特徴の変容可能性について質問したところ、相対的に、行動や身体の変容可能性が高いと認知し、志向や性格の変容可能性が低いと認知していた。加えて、四年生の方が六年生よりも変容可能性が高いと認知していた。この結果は、発達途上にある小学生に特徴的な回答であると説明することができる。一般に、変容可能性が大きい場合に相違の受容も容易になるという関係が存在するが、「まったく」変容可能性がないと認知した場合にも相違の受容が容易なることも示唆された。

② 人間の相違の概念

人間の相違の概念を、小学生と高校生を対象に調査し、米国、中国、日本の三国間で比較した［渡辺、2001］。「人はみんな他の人とどこか違っています」、「どんなところが違っていますか、あなたが思いつくことを、一〇まであげてください」との質問に対する回答を、八つのカテゴリーに分類し、その比率を国別に示したのが**表2**である。ここで明らかなように、米国では外観的魅力と物質的資源が、日本では身体的特徴が、中国では行動と好悪が、それぞれ他の国より多かった。また、性格が、米国と日本で多くあげられ、所属・処遇が中国で少なかった。能力は、どの国でもよくあげられていた。

これらのカテゴリーについて、小学生から高校生への変化を見ると、外観的魅力と所属・処遇と性格が、すべての国で増加していたことが、最も特徴的であった。

青年期的特徴として、外観的魅力や性格の比率が高くなるのはよく理解できる。しかし、外観的魅力は、米国において相対的に高いが、日本においては相対的に低く、日本では、性格と身体的特徴の高さが顕著で、認知的能力や行動的特徴なども比較的高いことが、その特徴として指摘できる。

(3) 個人レベルでの違いの受容

① 違いの受容の文化差と学年差

人は、それぞれに違った特徴を持っているが、その多様性を、子どもたちは、どのように受け入れているだろうか。多少とも否定的な諸特徴を持った仲間の受容を、米国、中国、日本の小学生・中学生・高校生間で比較した［渡辺、1994／渡辺、2001］。取り上げられた特徴は、「攻撃的な」、「内向的な」、「運動が不得手な」、「意地悪な」、「学業不振の」、お

表2　米国・日本・中国における人間の相違の各カテゴリーを記述した人数（%）

カテゴリー	米国（n=175）	日本（n=275）	中国（n=160）	χ^2（df=2）
外観的魅力	35	6	12	67.80
行動	43	48	89	88.67
認知的能力	48	49	48	ns
所属・処遇	38	29	6	47.64
好悪	14	18	31	17.03
物質的資源	30	15	5	40.11
性格	78	76	56	23.61
身体的特徴	46	76	29	92.86

よび「貧しい」であった。

日本と米国の比較では、さまざまな指標が両国間で異なるにもかかわらず、類似した結果が得られたのが、第一の特徴であった。両国とも、「意地悪な」や「攻撃的な」の受容が困難であった。そこでは、「攻撃的な」と「学業不振の」の受容が日本でより容易であり、「意地悪な」の受容が米国でより容易であった。日本では学年進行とともに受容度が増していたのに対して、米国では「意地悪な」と「攻撃的な」を除いて、中学生の受容の困難さが示された。加えて、問題を持つ子と自分との類似度をたずねたところ、「意地悪な」と「内向的な」を除いて、日本の方がより類似していると回答していた。

日本と中国の比較では、「貧しい」の受容が、中国でとりわけ容易であった。これに対して、「運動が不得手な」の受容が日本で容易であり、「攻撃的な」や「内向的な」も同様であった。中国では、米国と類似して、「内向的な」と「運動が不得手な」に関する中学生における受容の困難さが示された。問題を持つ子と自分との類似度については、すべての特徴について、日本の方が類似していると回答していた。

これらの結果をまとめると、共通して受容の困難な特徴として、「意地悪な」や「攻撃的な」があげられるが、国によって、受容が容易であったり難しかったりする特徴が異なっていることが明らかにされた。また、米国の性差が日本や中国と比べてかなり大きいことや、日本において学年進行とともに受容が容易になることも特徴的である。

問題の子どもと類似していないと回答し、同時に、その問題の子どもを受容しないと回答した者の比率を不寛容の指標とした場合、日本の子どもは、米国と比べて、「意地悪な」以外のすべての特徴について、中国と比べて、「貧しい」以外の全ての特徴について、それぞれ最も低い比率を示した。中国は、「意地悪な」、「運動が不得手な」、「内向的な」で、米国は、「貧しい」で、最も高い比率を示していた。また、米国と中国は、「攻撃的な」と「学業不振の」でも、ほぼ同様な比率を示していた。

② 不寛容の指標

不寛容についての資料は、日本の子どもたちが、最も寛容であることを明らかにしていた。そして、中国の子どもたちが最も不寛容であるとの結果でもあった。多少とも否定的な特徴に対する個人レベルにおける不寛容さは、単純に否定的にのみ解することができないのは言うまでもない。自分は立派に生きなければならないという観点から、問題のある特徴を、その潔癖さのゆえに否定するという説明が可能だからである。

③ 自己と他者の障害の受容

身体的障害などの特徴の受容については、どうであろうか。われわれは、**図3**に示されるような図版を用いて、自由記述による回答から検討した［渡辺、2001］。

五人のグループの内の一人のXさんは足が不自由なので車椅子を使わなければならないことを説明した後、もし、あなたがXさんで、このグループで一緒に泳ぎに行くとしたら、

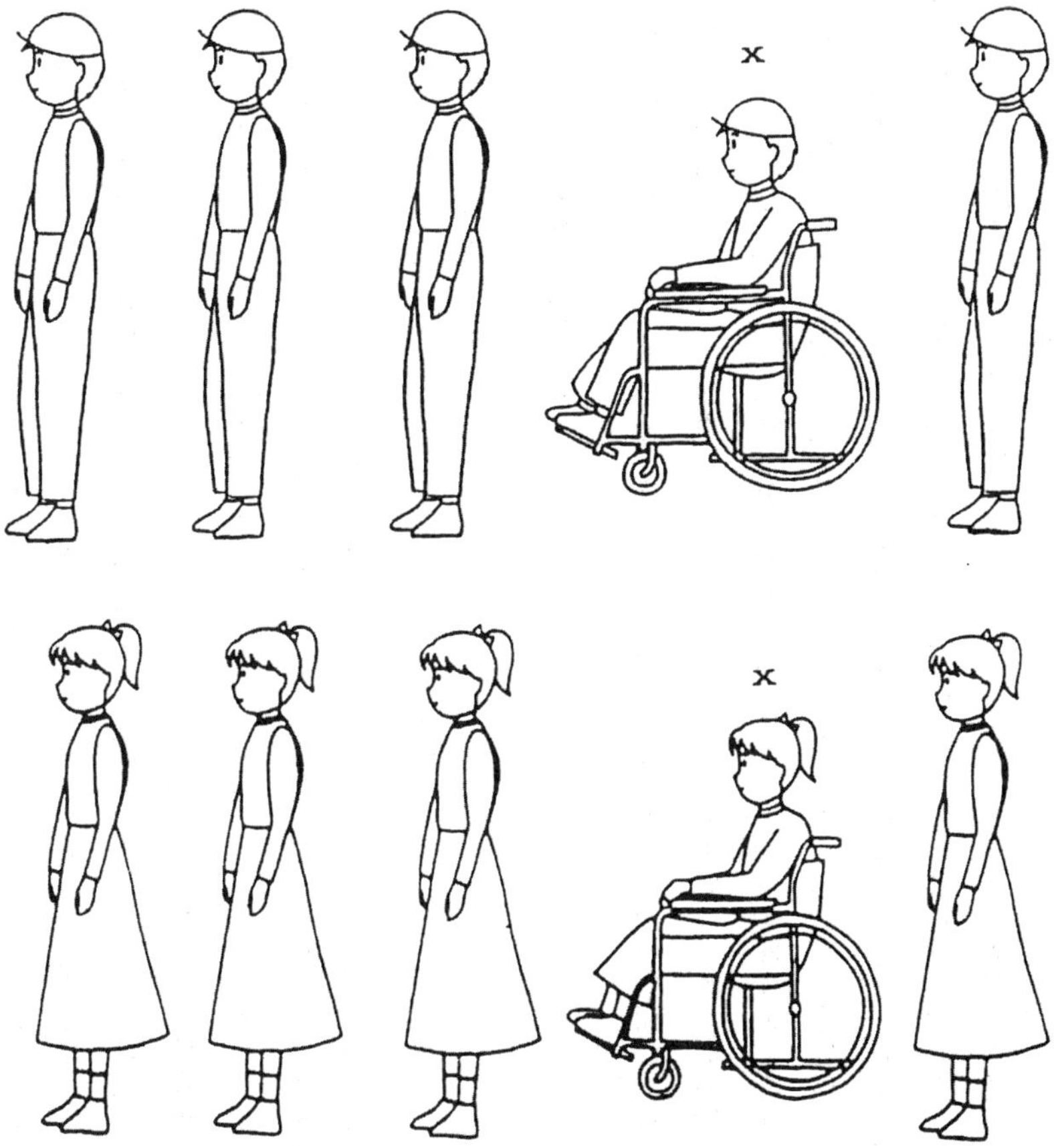

図３　障害の受容で使用された図版

どのように感じるか、なぜそのように感じるかをきいた。その後、もしあなたが障害を持たないグループの一人であったら、どのように感じるか、それはなぜかについてもきいた。日米の子どもの回答を比較すると、自分がXさんであった場合において、米国では、「気にしない」や「当惑する」が多く、日本では、「迷惑をかける」や「悪感情表現」が多かった。自分がグループの一人であった場合には、日本では、泳ぎではなく「何か他のことをする」や「同情」が多く、米国では、「気にしない」や「平等」原理から説明する者が多かった。他の逸脱についても、米国では、「平等」原理からの説明が少なくなかった。日本では、逸脱者が他者か自己かで回答が異なり、他者を受容しようとするが、自己を受け入れにくい状況が見られた。*

③ 多様性への好み

学校場面で、多様な友人たちと一緒にいたいか、それとも同質的な集団の中にいたいかについても検討した［渡辺、2001］。一つの質問では、学級編成で、知的能力の同質の集団にいたいか否かが、もう一つは、修学旅行に行くとき、興味や趣味が同じグループにいたいか否かが、それぞれ問われた。前者では日本の子どもが、後者では米国の子どもが、多様な集団を選択した。二つの回答をまとめて学年による変化を見ると、日本では、次第に多様性への好みが増していくのと対照的に、米国では次第に多様性への好みが減少していくのである（**図4**）。これは、社会と文化の相違を反映したものであると考えられる。

*日本の子どもの自己の受容や信頼が、中国と比べても弱い状況が、別の調査でも示されている［渡辺、2003］。

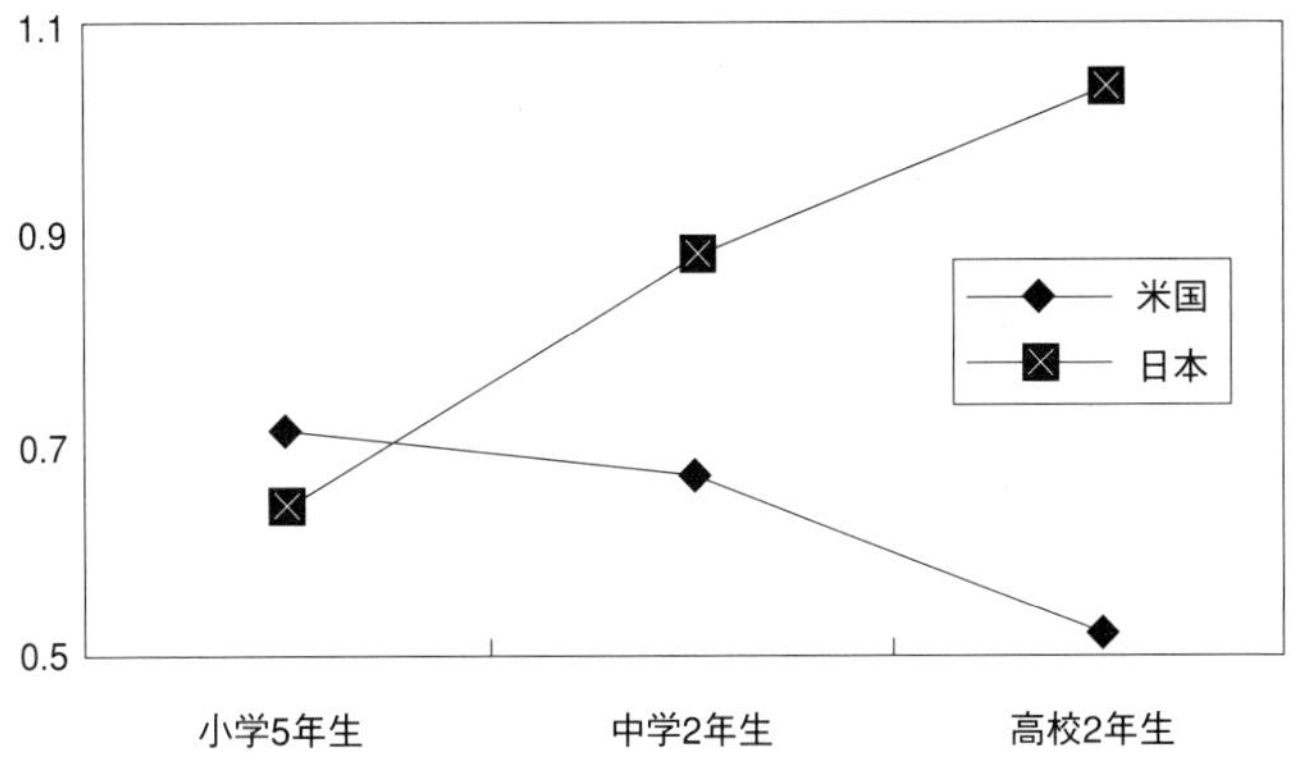

図４　多様性への好み

(4) 仲間集団への受け入れ

① 課題の設定

これまで、個人レベルで、多様な子どもの受容と拒否を検討してきたが、ここでは、仲間集団への受容と拒否についての調査［渡辺、2004b］を取り上げる。

最初、「暴力を振るう子（暴力）」、「変わった服を着た、髪を緑色に染めた子（緑の髪）」、「お調子者の子（調子者）」、「異性のように振舞う子（ジェンダー）」、「運動が苦手の子（運動）」、「暗い感じの子（性格）」といった多少とも否定的な六つの特徴を持つ子どもが、シナリオの形で、子どもたちに提示された。

その上で、それぞれの特徴を持つ子が、仲間集団の一員である場合に、その特徴のために、何らかの仲間としての集団活動の遂行にとって障害となることが想定されたので、その特徴を持たない他の成員全員が、その特徴を持つ子を、集団活動に誘わないと決定した場面で、この仲間集団の決定に対してどのような態度を取るのか、が吟味の対象とされた。具体的には、**表3**のように、①あなたは決定にどのくらい賛成か、②その特徴を持つ子はどのくらい変わる必要があるか、③あなたはどのくらい似た特徴を持っているか、について回答を求めて検討した。

表3　「暴力を振るう子」のシナリオ（男子用）と調査参加者に対する3つの質問

仲のよい5人の男の子のグループがあります。そのうちの1人のAさんは、ときどき他の子にぼうりょくをふるいます。ある日、そのグループは、商店街へ買い物に行くことにしました。そのグループの他の男の子たちは、Aさんがだれかにぼうりょくをふるうことを心配して、全員で、Aさんをさそわないことに決めました。

①Aさんをさそわないと決めたことに、あなたは、どのくらい賛成ですか？反対ですか？

あなたの考えに一番近い数字に、1つだけまるをつけてください。

1	2	3	4	5
まったくはんたい	少しはんたい	賛成でも反対でもない	少しさんせい	とてもさんせい

②グループに受け入れられるために、Aさんはどのくらい変わるべきだと思いますか？

1	2	3	4	5
まったく変えなくてよい	ちょっとだけ変える	いくらか変える	かなり変える	大きく変える

③あなたは、Aさんとどのくらい似ていますか？ちがっていますか？

1	2	3	4	5
とてもにている	少しにている	にてもちがってもいない	少しちがっている	とてもちがっている

② 日本の子どもは寛容か？

日本と米国を比較すると、暗い性格や緑の髪では、日本の方が排除に賛成であり、異性のような振る舞いや運動が苦手では、米国の方が排除に賛成であった。どちらの国の子どもが寛容であるか、一方向的に断定することはできなかった。すなわち、文化に依存するのではなく、文脈によって異なるという立場を支持していた［Turiel, 1998］。自分と似ていないと回答し、かつ排除に反対と回答する者の比率を算出して、寛容尺度としたところ、全ての特徴について、日米間でほとんど相違が認められなかった。一方、自分と似ていないと回答し、かつ排除に賛成と回答する者の比率を算出して、不寛容尺度としたところ、「緑の髪」では日米間で相違は認められず、また「暗い性格」では日本の方が不寛容であったが、他のすべての特徴において米国の方が不寛容であった。特に、異性のような振る舞いや暴力を振るう場合に、日米差が大きかった。また、変化要請、すなわち調和を求める傾向は、「運動が苦手」で米国の方が強かったが、他のすべての特徴において日本の方が強かった。

日本と中国を比較すると、すべての特徴について、日本の方が排除に賛成という傾向が強かった。なかでも日中間の差が大きいのは、暴力を振るう子や異性のように振る舞う子や暗い感じの子についてであった。寛容尺度でも、すべての特徴について、中国の寛容さが日本よりも大きかった。また、不寛容尺度においては、「緑の髪」や「お調子者」では日中間の相違は小さかったが、他の特徴については、すべて日本の不寛容さが強かった。

特に、異性のように振る舞う子や暗い感じの子への不寛容さの日中間の相違が大きかった。調和を求める傾向についても、すべて中国の方がはるかに強かった。

全体を通して、日本の子どもたちは、個人レベルでは最も寛容であったが、仲間集団への受け入れという集団レベルでは、必ずしも寛容であるとは言い切れないことが明らかにされた。また、日本の子どもたちが「暗い感じ」に寛容でないことも示された。現在の日本の文化のあり様から検討を深める必要がある。さらに、個人レベルでは最も不寛容であった中国の子どもたちが、仲間集団への受け入れという集団レベルでは最も寛容であったことも、その文化的背景から明らかにしていくことが求められる。

③ 内集団での受容の困難さ

これらの研究の過程で、日本の子どもたちが、多少とも否定的な特徴を持った外集団の仲間よりも、同じ特徴を持つ内集団の仲間の方を排除する傾向の強いことが明らかにされた［渡辺、2004b］。黒い羊効果*（［大石、2003］など）が日米の子どもの双方に認められた。しかしその傾向には日米差があり、日本の方がより顕著であった。すなわち、日本では、すべての特徴で黒い羊効果が認められたが、米国では、暴力を振るう子やお調子者の子については、内集団の子よりも外集団の子をより強く排除する傾向があった。日本における黒い羊効果の顕著さは、いじめなどにおける日本的特徴に反映しているのかもしれない。

黒い羊効果
内集団の好ましい成員が、同じ程度に好ましい外集団成員よりも高く評価され、内集団の好ましくない成員が、同じ程度に好ましくない外集団成員よりも低く評価されること。

4　おわりに——寛容の精神を涵養する信頼と希望——

米国や中国と比較しながら、日本の子どもたちの寛容さについて、検討してきた。わが国の子どもたちが他者を気にすることには、積極的な意味さえ付与することができるのだが、そのどこに問題があるのだろうか。他者の目を意識するが故に個人的には寛容だが、自分の所属集団の他者を意識するが故に集団的には必ずしも寛容でないのだろうか。しかし、ここにあげた研究は端緒的なものである。私たちの研究が、すべて質問紙への回答からの接近、すなわち認知レベルの研究であることを念頭に置かなければならない。従って、寛容の精神とこれを育む方途について、インタビューや事例研究やフィールドワークなどを通して、今後明らかにしていかなければならないことが多数残されている。

最後に、寛容の精神と関連する領域を眺望して、結びにかえたい。

私たちの調査[渡辺、2004]によれば、日本の子どもたちにおいて、〈信頼〉と〈希望〉は密接に関連しており、〈信頼〉が、「未来への信頼」や「未来の明るさ」としての〈希望〉を支えていた。そして、この〈希望〉が、〈寛容〉の精神の基底にあった。すなわち、信頼→希望→寛容の連鎖枠組みが示唆された。この枠組みの中で、日本の子どもたちの関係信頼は比較的高いにもかかわらず、自己信頼が低いことが注目された。言うまでもなく、日本の子どもたちは「控え目」で、通常考えられる以上に自己を低く評価する傾向のあることが知られている[東、1994]が、〈希望〉に影響を与える要因として看過できない。

一方、中国における調査［渡辺、2004］では、〈信頼〉が〈希望〉を規定していることは、日本の資料とまったく同じであったが、その〈希望〉は、必ずしも〈寛容〉に結びつかず、〈調和〉へと結びついていた。〈調和〉とは「合わせること」である。中国では、信頼→希望→調和の連鎖枠組みが成立していた。日本と中国の資料を比較すると、日本よりも中国において、私の希望と社会の希望の相関、および関係信頼と社会の希望の相関が高いこと、すなわち、自己と社会が結びついていること、調和傾向が高いことなど、が異なっていた。そして、中国の希望の水準は日本の水準よりかなり高かった。中国の資料は、調和が力を持ち、「希望に満ちていた」ありし日の日本を思い起こさせるかもしれない。日本の子どもたちは、中国や米国と比べても他の先進諸国と比べても、希望は低く、自己信頼もはるかに弱い。* 自己信頼、と言うより自己安心感とでも呼べるものを、どのように生み出していくかが、私たちの課題だと認識している。

（渡辺弘純）

＊ただし、自己信頼の強い米国の子どもたちは寛容であるとは言えなかった。信頼＝希望＝寛容とは直結しない。寛容概念について、さらに検討を深めることも求められている。

引用・参考文献

Adalbjarnardotir, S. 1995 How children propose to negotiate: The role of social withdrawal, anxiety, and locus of control. *Child Development*, 66, 1739-1751.

明田芳久 1995 「児童の仲間関係の形成について――仲間選択の理由、仲間関係の分化度、および共感性との関係」『上智大学心理学年報』第19号 29-42p.

Allport, G. W. 1954 *The nature of prejudice.* Cambridge, Mass：Addison-Wesley.
アンネ・フランク／深町眞理子（訳） 1994 『アンネの日記〈完全版〉』 文春文庫
朝日新聞 1997 五月五日 社説
東洋 1994 『日本人のしつけと教育―発達の日米比較にもとづいて』 東京大学出版会
榎本淳子 2003 『青年期の友人関係の発達的変化―友人関係における活動・感情・欲求と適応』 風間書房
Fishbein, H. D. 2002 *Peer prejudice and discrimination. Second Edition.* Mahwah, New Jersey：Lawrence Erlbaum Associates.
福武書店教育研究所 1986 「子どもの放課後」『モノグラフ・小学校ナウ』第6巻第12号 福武書店
橋本 巌・堀内美佳・森下典明 1996 「児童の共感性と友人関係における共有経験との関連」『愛媛大学教育学部紀要』 第42巻 61-78p.
波多野誼余夫・高橋恵子 1997 『文化心理学入門』 岩波書店
井上健治・久保ゆかり（編） 1997 『子どもの社会的発達』 東京大学出版会
金子みすゞ 1984 『金子みすゞ童謡集〈わたしと小鳥とすずと〉』 ＪＵＬＡ出版局
河地和子 2003 『自信力はどう育つか―思春期の子ども世界 4都市調査からの提言』 朝日新聞社
小林さえ 1968 『ギャングエイジ―秘密の社会をつくる年頃』 誠信書房
小石寛文・田花修二・神藤貴昭・竹内博美 1994 「学級における仲間関係ストレスの要因―尺度作成の試み」『神戸大学発達科学部心理学紀要』 第4巻 25-41p.
厚生省児童家庭局 1986 『児童環境調査』（総務庁青少年対策本部（編） 1991 による）
Leary, M. R. (Ed.) 2001 *Interpersonal rejection.* New York：Oxford University Press.
松田美佐 2000 「若者の友人関係と携帯電話利用―関係希薄化論から選択的関係論へ」『社会情報学研究』 第4巻 111-122p.

ＮＨＫ放送文化調査研究所世論調査部　1987　『中学生・高校生の生活と意識』（総務庁青少年対策本部（編）1991 による）

落合良行・佐藤有耕　1996　「青年期における友達とのつきあい方の発達的変化」『教育心理学研究』第44巻　55-65p.

大石千歳　2003　『社会的アイデンティティ理論による黒い羊効果の研究』風間書房

岡　隆　1999　「友人関係」日本児童研究所（編）『児童心理学の進歩38―一九九九年版』金子書房 159-186p.

Selman, R. L., Beardslee, W., Schultz, L. H., Krupa, M. & Podorefsky, D. 1986 Assessing adolescents interpersonal negotiation strategies : Toward the integration of structural and functional models. *Developmental Psychology,* 22, 450-459.

総務庁青少年対策本部（編）　1989　『少年の生活意識と実態に関する調査報告書』総務庁青少年対策本部

総務庁青少年対策本部（編）　1991　『平成二年版青少年白書』大蔵省印刷局

Swim, J. K., & Stangor, C.(Eds.) 1998 *Prejudice : The target's perspective.* San Diego : Academic Press.

高垣忠一郎　1991　『登校拒否・不登校をめぐって――発達の危機、その〈治療〉と〈教育〉』青木書店

高垣忠一郎　1999　『心の浮輪のさがし方――子ども再生の心理学』柏書房

和田　実　1996　「同性の友人関係期待と年齢・性・性役割同一性との関連」『心理学研究』第67巻 232-237p.

渡辺弘純　1994　『変わっている友人に対する児童生徒の反応に関する比較文化的研究』平成五年度科学研究費研究成果報告書

渡辺弘純　2001　『日本の児童生徒における他者との相違及び他者の相違の認知と受容に関する発達的検討』平成一〇年度～平成一二年度科学研究費研究成果報告書

渡辺弘純　2003　「現在と未来に対する考え方・感じ方：遼寧師範大学附属中学生と愛媛大学教育学部附属中学生の比較」渡辺弘純（代表）『平成一四年度愛媛大学学長裁量経費報告書』愛媛大学教育学部　123-146p.

渡辺弘純　2004a　「四国西南部過疎地域に住む児童生徒の生活と将来展望(1)山村児童における30年間（1973-2003）の変化」「四国のかたち」研究グループ（編）『「四国のかたち」の解明とそのパフォーマンスを規定する要因の分析』愛媛大学　101-112p.

渡辺弘純　2004b　『日本の児童生徒における他者と自己への寛容の機構に関する比較文化的発達的検討』平成一三年度～平成一五年度科学研究費研究成果報告書

渡辺弘純・友寄令子　2005　「四国西南部過疎地域に住む児童生徒の生活と将来展望(2)漁村児童における30年間（1973-2003）の変化」『日本心理学会第69回大会発表論文集』1254p.

渡部玲二郎　1993　「児童における対人交渉方略の発達―社会情報処理と対人交渉方略の関連性」『教育心理学研究』第41巻　452-461p.

渡部玲二郎・佐々木葉子　1996　「児童における自己開示と友人関係の満足度について―親密度と自己開示の質からの検討」『日本教育心理学会第38回総会発表論文集』38p.

山根清道　1957　「反社会的集団」　梅津八三・宮城音弥・相良守次・依田新（編）『心理学事典』平凡社　569-570p.

山下俊郎　1957　「児童期」　梅津八三・宮城音弥・相良守次・依田新（編）『心理学事典』平凡社　268-270p.

Yeates, K. O. & Selman, R. L. 1989 Social competence in the schools: Toward an integrative developmental model for intervention. *Developmental Review*, 9, 64-100.

第6章　大人との関係を通した子どもの自己形成
——「つながり役」と「つなぎ役」——

1　はじめに――「素の私はとっても不機嫌？」――

ある研究会で、日常生活における青年たちの気遣いし合う関係について話題になったことがありました。私も毎年三回生の秋に行っている学校訪問を兼ねたゼミ合宿をきっかけに、ゼミ生がやっとあまり気を遣わないで意見をぶつけ合う関係になれたことを紹介しました。合宿の時に、「これまでの二〇年間は、相手を傷つけないように、ずっと気を遣ってきた」とある学生が発言しましたが、男女を問わず一二名いるゼミ生のほぼ全員から同様の発言が続きました。

そんな中で、研究会に参加していたある大学院生は、「私も今まで、人と会って話しているときは、いつもニコニコして相手の気を悪くさせないように、気遣いばかりしてきた。一人でキャンパスを歩いていると、すれ違った友人から『なんか怒ってるん？』と聞かれて戸惑うことがある。一人でいろいろ考えたりしている素の私は、不機嫌な顔をしているとよく言われる」といった趣旨の発言をしました。「これまで、何をしていても、いつも評価される中で生きてきた気がする。だから、大人の前では作った自分を演じてきた」と発言は続きました。「なんか怒ってるん？」とたずねる友人の方も、また気遣いしながら様子を聞いている姿が伝わってきます。また別の機会にある学生が、「私は保育園の頃から、ずっと人に気を遣ってきた。だけど中学校で友達からわざとらしいと言われてからは、気を遣わないように気を遣ってきた。それが段々、しんどくなってきた」と話してくれました。

　青年たちが、本来は「素の自分」を出し合えるはずの親密圏で過剰に気を遣い、逆に「配慮ある自分」で付き合うはずの公共圏で、不機嫌そうに見える「素の自分」を出して一息ついているような姿が浮かんできます。大人たちは、よく青年の公共圏におけるマナーを問題にしますが、日常生活における親密圏と公共圏の気遣い自体に、逆転現象が生じていることをうかがうことができます。

　また、京都の高校教師は、これまで子どもたちは、「生身の人間には気をつかってしまうから、メールでやりとりする方が楽や」と言っていたのが、最近ではメールにさえも気をつかうようだと述べ、女子高生のメールのルールについて、次のように報告しています［さとう、2005］。

1. 絵文字を多く使う（怒っていると思われないため）。
2. 内容は相手に合わせる（こちらの気持ちよりも）。
3. メールの返事はすぐに返す（どんな状況であっても）。
4. なるべく自分で終わらないようにする（だから、一晩中になることもある。でもつき合いは大切）。

ネット社会の拡大によって、たった一人でも手をあげれば、日本や世界中に仲間が生まれるようなバーチャルな世界が拡大しました。そこで仲間と出会い、居場所を見つけるような青年もいます。しかし他方では、この女子高生たちのような気遣いの関係が、ネット社会にも拡大している状況があるのです。

中西［2005］は、ネット社会の可能性にも言及しながら、「現実世界とネット世界の両方を生きることが、より豊かな人間関係を築いてゆけるようにすること」であると強調し、そのために、現実社会で子どもたちがどれだけ豊かな、安心できる関係を作っているか、大人たちがそれをどれだけ支えているかが重要であると課題提起をしています。

ネット社会では、あらゆる欲望や不安が容易に商品化され、バイオレンス、オカルト、ホラー、セックスといった落とし穴が、口を開けて待っているような状況もあります。私は、落とし穴にはまらないで現実世界とネット世界の両方を豊かに生きるためには、やはり現実世界で「つながりの実感」が持てるリアルな人間関係を子どもと大人、子ども同士の中に作っていくことが、教育や子育てのポイントであり、大人の役割ではないかと考えています。本論では、思春期の子どもの自己形成を支援するために、子どもとの「つながり役」（パートナー）と子ども同士、子どもと他者の「つなぎ役」（コーディネーター）をキーワードに、親や教師の役割について検討していきます。

2　思春期の自己形成の課題と教育改革の課題

(1)　少年期・思春期・青年期の発達課題

いつの時代も子どもだけが、困難を抱えているような時代はない。子どもの発達・成長に、大きな課題が生じているとき、政治や経済のあり方を含めて、取り巻く社会や大人の生活も大きな危機を背負っているのではないか。よかれと思い関わることが子どもを追い詰めることになっていたり、逆に子どもの求めるSOSのサインに気がつかずに放置したり、とらえどころのない子どもの世界や文化の前で途方に暮れている親や教師は少なくない。自己の解体・再編期である思春期は、子どもが成長する中で友人関係を深め、自己との対話をはかると同時に、このような大人と子どもの関係の再編が求められる時期でもある。

しかし、関係の再編を論じる以前に、それまでの子どもと大人の関係自体が脆弱な場合もある。私は、思春期における他者との人間関係の形成と再編を通した自己の解体・再編のプロセスを「出会い直し」と呼んでいる。また、「出会い直し」という形で、大人との関係を通した子どもの自己形成を援助することは、関わる大人自身の自己形成や生き方を問い直す作業でもある。

思春期の時期区分について、序章では広義には一〇歳から一八歳までを指すと紹介している。この点を踏まえながら、ここでは少年期・思春期・青年期の区分に関して、発達課題に着目しながら次のように大まかに規定しておく［春日井、2004 a］。

少年期は、親子関係をベースキャンプにしながら、遊びや学びを通して子ども世界を共有する友人関係の形成と、それにともなう自我形成などが発達課題になる時期である。主として、小学校の中学年・高学年がこれにあたる。

思春期は、青年期の中に含まれる一時期を指し、身体の成長を土台にした性の目覚め、親からの精神的自立の萌芽、友人関係を土台にした自我形成と解体・再編成などが発達課題になる時期である。しばしば、自他が未分化なために、"all or nothing"で価値判断を下すことがある。主として中学生の時期を指すが、小学校高学年から高校生（一〇歳～一八歳）にかけて、このような発達課題が見られることも少なくない。

青年期は、男女としての自己の受容、親からの精神的・経済的自立、職業能力の形成と進路選択、市民としての政治能力や社会常識の獲得などが発達課題となる時期である［白井、2003］。中学生から高校生、大学生までを含む幅広い時期がこれにあたる。一七歳頃を節目に人間関係の相対化が可能となり、「僕とあいつは考え方が違う。でもあいつの言っていることはわかる」「お母さんの嫌いなところもあるけれど、お母さんが一生懸命育ててくれたことは感謝している」といった形で、自分とは異なる他者を認めることができるようになる。

しかし、高校や大学卒業後の就職、結婚、出産が、必ずしも青年共通のライフコースではなくなっており、これに不況下の就職難や就職準備、大学院進学なども加わり、青年期は一〇代、二〇代から三〇代にまで拡大していると見ることもできる。

現在大学生と関わっていると、少年期や思春期の発達課題を積み残したまま青年期に突入し、やっと親や友人との関係を見直し、自分自身と「出会い直し」をしようとしているような姿に出会うことも少なくない。従って、ここでは中学生に限定せずに、あえて高校生、大学生も含めた共通点に着目しながら、一〇代の思春期の自己形成について論じていきたい。

(2) 「ゆとり教育」と教育改革のゆくえ

初めに、子どもが学び生活する場である学校教育が、教育改革の中でどのように論議され変化してきたのか概観しておく。思春期の自己形成の課題が、四半世紀に及ぶ「ゆとり教育」路線と呼ばれた教育改革の中で大きな影響を受け、この影響は財界の雇用政策ともリンクして、学校教育における学力観にとどまらず、大人や子どもの価値観・労働観・消費文化のあり方にまで、影響を拡大してきているからである。子どもとの関わり方は、この点への理解を抜きには語れないと考えている。

教育改革の論議は、特に一九八〇年代以降顕在化してきた。中曽根政権下での「臨時教育審議会」答申（一九八四年〜一九八七年）、小渕政権下での「二一世紀日本の構想」懇談会報告（二〇〇〇年）、森政権下での「教育改革国民会議」報告（二〇〇〇年）、小泉政権下での文部科学省「二一世紀教育新生プラン」（二〇〇一年）の流れの中で、より具体化されてきた。こうした流れは、一九八〇年代に米英の大統領であるレーガンとサッチャーが進めた、国際的な産業競争力再建のための能力主義教育である新自由主義の教育改革の手法を取りながらも、「学力向上、規律回復」路線をとった米英とは異なる「ゆとり教育」路線として展開された［岩木、2004］*。

次に、学習指導要領の変遷を通して、「ゆとり教育」路線を具体的に検証してみたい。一九七〇年代、日本は欧米との貿易において大幅な黒字を継続した。「日本人は働きすぎ」という外圧のもとで、週休二日制や労働時間の短縮が課題となった。このような情勢の中で、一九七七年の学習指導要領では、貿易摩擦への対応、国内消費社会拡大の意図も包含しながら、「ゆとりの時間」が設置され、「個性や能力に応じた教育」が初めて打ち出された。続いて、中曽根政権下の臨時教育審議会答申を受けて改訂された一九八九年学習指導要領では、これまでの「知識・理解」から「関心・意欲・態度」を重視する「新学力観」が展開され、小学校における生活科、中学・高校における選択科目の拡大が進み、大きな転換点となった。また、一九九二年九月からは毎月第二土曜日、一九九五年四月からは毎月第二・四土曜日が休業となり、学校五日制がスタートした。さらに、一九九八年学習指導要領では、二〇〇二年からの学校五日制完全実施を前提にした授業内容の三割削減によって「ゆとり」が強調された。同時に「総合的な学習の時間」の設置によって、問題解決的・体験的学習を通した「生きる力」の育成が強調された。

一連の教育改革は、「ゆとりと充実」（一九七七年改訂）、「基礎・基本の重視と個性を生かす教育」（一九八九年改訂）、「ゆとりと生きる力」（一九九八年改訂）といったパラドックスを孕んだものであった。これを埋めるために、当時の文部省は、基礎・基本について

＊岩木［2004］は、「米欧から貿易黒字削減を厳しく迫られていた日本では、臨教審以降に進められた『ゆとり改革』は、結果的に、消費社会の深化という役割をになうバブル教育でした」と述べている。しかし、バブル経済崩壊以降の雇用・労働の柔軟化と新産業の創出が国策になる中で、文部科学省は、国際能力主義の立場を取り、高等教育の国際競争力向上をめざし始めたことを指摘し、「初等中等教育でも、学習指導要領の最低基準化、学力向上フロンティアスクール、学校選択、学校評議会、全国総合学力調査の実施など、学校の競争力向上をめざし始めました」と述べている。「ゆとり教育」路線は、四半世紀に及ぶ学力論争の混乱を経て、国際的な産業競争力再建のための能力主義教育（学力向上、規律回復）を取ってきた米英の新自由主義教育改革に合流しようとしているように見える。

新たな見解を示し、「中でも、子供たちの豊かな自己実現に生きて働く関心・意欲・態度、思考力や判断力などの資質や能力は、これからの教育において十分その育成を図るよう留意する必要がある」と「関心・意欲・態度」を基礎・基本の中核とする新学力観を打ち出していった［文部省、1993］。

新学力観は、「知識・理解」「技能・表現」を中核とする教科指導を実践してきた学校現場にとって、非常に違和感のある見解であった。しかも、こうした矛盾や新見解は、学校現場では「あれもこれも大事」といった形で蓄積され続け、絶えず評価の目にさらされる子どもの不安やストレスを高め、教職員の多忙化に拍車がかけられていった。また、この教育改革は「学力低下論」を生み、保護者や子どもが進学塾への依存を高めていくといった結果も招いた。

四半世紀の紆余曲折と混乱を経て、中央教育審議会は、早くも現行の学習指導要領（一九九八年改訂）の前倒し改訂に向けた原案作りを始めている［朝日新聞二〇〇六年二月九日付］。この中では、「ゆとり教育」を転換し「言葉の力」をすべての教育活動の基本的な考え方にすることが明記されている。しかし、学力の内容を問わないまま進行した「学力低下論」が、受験学力を高める競争に流れているように、その意味や内容を丁寧に問わない「言葉の力」は、表層的なスキル教育や情報処理教育といった適応競争に流れていく危うさを孕んでいるのではないか。

(3)「ゆとり教育」と教育改革の到達点

「ゆとり教育」路線のもとで、しばしば「個性尊重、多様化」「自己選択、自己実現、自己責任」といったキーワードが強調され、教育界だけではなく、政治・経済界でも多用されていった。この中で、どのような事態が進行していったのであろうか。

第一には、「ゆとり教育」路線やこの間の雇用政策の転換によって階層の二極化が進行し、「意欲格差社会」[苅谷、2001]、「希望格差社会」[山田、2005]、「機会不平等」[斎藤、2004]といった子ども・青年をとりまく状況が生まれ、戦後日本が憲法・教育基本法のもとで紆余曲折を経ながらも堅持してきた「教育の平等主義・機会均等」の理念と政策は、教育改革のもとに後退してきたと言わざるをえない状況が生まれてきた。

第二には、「ゆとり教育」の下で、子どもの「学力」については多様化路線のもとに、実は「優秀層」に焦点化した効率的競争を推進する教育政策が展開されてきた。* 例えば、「規制緩和、自由化」政策のもとで、公立高校の学区拡大や一学区制への移行、公立小・中学校学区の自由化・選択性、中高一貫校(二〇〇五年度の中高一貫教育校の設置校数は四二都道府県に及び、公立一二〇校、私立五〇校、国立三校の計一七三校)、「構造改革特別区域」事業としての小中一貫校の施策などが、先行的に実施されてきた。

第三には、子どもの「生活」をめぐっては、むしろ画一化路線がとられてきた。例えば、少年事件が多発する中で、少年法改正による罰則強化と同時に道徳教育・心の教育が強調され、二〇〇二年からは「心のノート」が、全国の小中学生に配布されてきた。* 多様化と

*斎藤[2004]は、「ゆとり教育」のねらいについて、一九九八年学習指導要領改訂に向けた答申をまとめた前教育課程審議会会長の三浦朱門氏へのインタビューを行っている。三浦氏はこの中で、「学力低下は予測し得る不安と言うが、覚悟しながら教課審をやっとりました。いや、逆に平均学力が下がらないようでは、これからの日本はどうにもならんということです。つまり、できん者はできんままで結構。戦後五〇年、落ちこぼれの底辺を上げることにばかり注いできた労力を、できる者を限りなく伸ばすことに振り向ける。百人に一人でいい、やがて彼らが国を引っ張っていきます。限りなくできない非才、無才には、せめて実直な精神だけを養っておいてもらえばいいんです」と「ゆとり教育」のねらいについて、率直に述べている。

*二〇〇二年四月に全国の小中学校に、文部科学省編「こころのノート」および「心のノート」が一、二〇〇万部配布された。検定を受ける教科書や地方教育委員会への届け出を必要とする副読本ではなく、補助教材

画一化を両輪とする「ゆとり教育」路線は、矛盾を孕みながら、子どもたち、教職員、保護者に二重のストレスをかけてきたと言える。

　第四には、学校教育の出口としての高卒・大卒での就職状況は、個性を尊重した多様な就労先が用意されてきたわけではなかった。むしろバブル経済が崩壊した一九九一年以降、長期化する経済不況と企業のリストラ・合理化の中で、財界の雇用政策として構造的にフリーター、パートなどの非正規雇用層が大量に生み出されていった。*この状況は、青年層だけではなく、大人たちの生活も不安定にし、子どもたちの発達・成長の基盤としての家庭生活を揺るがし続けてきた。

3　個性尊重と自己実現、自己責任

(1)　大学生の描いたライフコースを手がかりにして

　私は、二〇〇一年以降「生徒・進路指導論」「キャリア形成論」といった授業の中で、学生にライフコースを書かせる取り組みをしてきた。縦軸に満足度、横軸に年齢をとり、変化の主な理由を事実と予測を含めて記入してもらった。その中で、多くの学生の満足度が極端に下降している時期は四ヶ所に及び、大きな共通点が見られた。

　第一は、一〇代の思春期、中学校・高校の時期である。満足度下降の主な理由としては、友人関係のトラブル、いじめ、受験勉強のストレス、受験の失敗、部活動での挫折、失恋

として位置付けることで、実質的な道徳の国定教科書が国家から初年度七億三千万円の税金を使い配布された［春日井，2004b］。同時に、一九九七年の小学生連続殺傷事件（神戸）や一九九八年の女教師刺殺事件（栃木）など、いのちを奪う「子どもの攻撃性の変化」や「突然キレる良い子」をめぐって論議がなされた。政府・文部省はこれに対して、「少年法の改正」と「心の教育」の推進を打ち出し、一九九五年からは「スクールカウンセラーの活用調査研究委託事業」もスタートした。

＊一九九五年に日本経営者団体連盟（日経連）は、「新時代の日本的経営」を提言し、バブル経済崩壊以降の雇用政策の転換に着手した。その中で、これまでの正規雇用労働者を「長期蓄積能力活用型」「雇用柔軟型」「高度専門能力活用型」の三つに分け、複線型の人事制度と労働市場の流動化を提案した。終身雇用制度、年功序列制度を撤廃し、スーパーエリート層、大学院修了の専門職層を育成する一方で、不安定な大学学部卒以下の非正規雇用層を拡大していくと

などに関する記述が多く見られた。第二は、二〇代前半の大学の時期である。まさに現在であり、満足度下降の主な理由としては、大学に馴染めない、将来への不安、就職への不安、人生への悩み、失恋などに関する記述が多く見られた。第三は、四〇代半ばの時期である。主な理由としては、わが子の反抗、更年期障害、職場のトラブルなどを予測した記述が目立った。第四は六〇代である。主な理由としては、退職後の不安や自身の健康不安、親の他界などを予測した記述があった。

こうしてみると、現代の青年層が生涯に渡って不安を抱えながら生活していることがわかる。特に一〇代~二〇代の不安が現実に直面している課題として非常に大きく、大人や友人からの援助が必要な時期であることをうかがうことができる。思春期の自己形成に関わって、大人の果たす役割の重要性がここにある。

二〇〇五年度の授業「キャリア形成論」の中で、一五〇名の受講生が書いたライフコースから、思春期の満足度下降の主な理由について一部紹介しておく。そこから、子どもが親や教師といった大人に求めている援助のヒントが見えてくるからである。

① 一〇代、中学・高校での満足度下降の主な理由

【学校生活・進路】

・校則が厳しく、勉強にうるさい高校にうんざりした
・高校の進路で親と大ゲンカした
・大学受験に失敗し浪人生活

いう雇用政策への大転換がスタートし、政府の雇用政策にも反映されていった。これ以降急速に、「個性尊重、多様化」、「自己選択、自己実現、自己責任」といったキーワードが、教育現場にも浸透していった。

・進路に悩み、何をしたらいいのか、まったくわからず先が見えなかった
・病気で留年してつらかった

【友人関係・異性関係】
・素の自分が出せなかった
・五年ほどひきこもり、バイト先で人生の師に出会った
・中学の部活でいじめにあう、友達と決別
・友達との関係で、自分を考えるようになった
・失恋のショック

【生きる意味】
・自分に対する自信が少しずつなくなり始めた
・自分の存在意味に悩んだ
・リストカットを始める、願いは死ぬこと、成績が上がることだけが唯一の楽しみ
・自殺願望が強かった、なぜ生きているのかという疑問がしょっちゅう付きまとった

② 二〇代前半、大学での満足度下降の主な理由

【学校生活・進路】
・進路、将来について深く考え悩む
・大学になじめない、環境の変化に苦しむ
・病気のため、休学・復学を繰り返す

・忙しすぎて、やりたいことがやれていない
【友人関係・異性関係】
・高校とは違い、友人も少ない劣等生
・人間関係、いい時も悪い時もあり不安定
・楽しい大学生活だが、何かさびしさを感じる
・大失恋
【生きる意味】
・このままでいいのかと、自分の人生に悩む
・入学後うつになって自殺未遂、その後回復
・毎日は楽しいけれど、やりたいことが見つからない

(2) 与えられた個性尊重と自己実現

日本で初めて自己実現という言葉が誕生するのは、明治維新による近代市民社会の成立以降である。これは、職業選択と居住の自由、教育権の拡大が進む中で歴史的に誕生した青年期の中で意味を有していた。明治初期の自己実現は、立身出世にせよ社会変革にせよ、限界は持ちながらも社会化と内面化の統合を志向する傾向を有していた。同時にそれは、競争原理の中に青年を投げ込み、可能性と同時に新たな不安やストレスを生むことになっていった。

自己実現というキーワードが、再び意識的に使われるようになったのは、一九八九年の

学習指導要領改定以降、子どもの「自分さがしの旅」＝「自己実現」の援助者として教師の役割が強調される中であった。従って、自己実現という言葉は、中高生や大学生が生活の中で、自らの言葉として使っているものではなかった。

このようにして政府から与えられた「自分さがしの旅」＝「自己実現」のゴールは、企業社会への適応主義と絶妙にリンクし、「あなたの売りは何？」と個性を商品化する競争に拍車がかけられていった。このような状況の中では、「自分が自分であって大丈夫」［高垣、2004］と、まるごとの自分を生きる自己肯定感は、当然育ちにくくなっていった。

現代の自己実現は、子どもの課題を自己の心のあり方や意欲、努力の問題として問い続け、社会への適応を迫りながら、生きる道を確保するための競争を迫っていく傾向を強めてきた。「心のノート」の基本的な問題点は、こうした内面化の肥大にあり、「心理主義」［小沢ほか、2003］といった批判もなされてきた。

私は、子どもたちが抱えるさまざまな課題を、社会のあり方と自分の生き方との関係から読み解き、大人と子どもが社会と自分を変革・成長させしていく主体として育ち合い、時代を創造するよきパートナーとして協働していくことが重要だと考えている。

また、個性尊重が教育改革のキーワードになっているが、個性や自分らしさとは、社会のひと・こと・ものとの関わりの中で形成されて意味を持ち、関わりの中で自身のあり方や生き方を、また発展させていくものとしてとらえる必要がある。自己実現と同様に、自分らしさをもっぱら個人の内面に求める「内閉的個性志向」［土井、2004］は、果てしない袋小路に子どもを追いやることになりかねない。その結果として、一方では自分に自信をなくし、自分を追い詰め、自分を傷つけてしまう子どもを生み、他方では果てしない欲望の肥大化に翻弄され、他者を傷つけてしまう子どもを生んでいるのではないか。

4　子どもの「危機」に際して――教育・子育ての原点を問い直す――

不登校やいじめや荒れなど、思春期の子どもたちが成長の過程で起こすさまざまなトラブルは、一つの「危機」と言える。同時にそれは、関わり方次第で、成長のきっかけになっていく。子どものトラブルは、周囲の大人や友人などへのＳＯＳであり、子どもが誰にどのようなＳＯＳを求めているのかを考えることから、子ども理解と具体的な取り組みの検討が始まる。こうして、親や教師の役割を生かした関わりが、子どもの「危機」を成長に転化していくことにつながっていく。

さまざまな「危機」に際して、子どもに対する親や教師の姿勢で大切にしたい原点がある。それは、私たちは今まで何を大事にして生きてきたのかを確認していくことである。

第一は、「いのちより大事なものはない」ということの再確認である。つらい時こそ、子どもが生まれてからの出会いの日々を思い起こしてほしい。「いろいろあったけれど、よくここまで大きくなったな」とわが子のいのちの誕生と成長に思いを巡らせてほしい。

同時に、約束のないいのちに幕が降ろされるとき、そのプロセスにどう向き合っていくのかが重要な課題となる［金森ほか、1996／2003］。親族や身近な人々の死を自身の身体と心のすべてを使って大人と子どもが共有しながらくぐり、時間をかけて悼んでいくといったことは、大切な「いのちのつながりの教育」だと考えている。例えば、「あなたは、おばあちゃんによくかわいがってもらってたね」と、祖母の死をわが子と語りながら、悼んでいくといった時間には大きな意味がある。

身近なところで少年事件が起きた時なども同様ではないか。何事も無かったかのように日常生活を流していくのではなく、大切な人を失ったお互いの体験を重ねながら、いのちの喪失を悼んでいく時間は、同時に悼みの時間を共有する人とのつながりを実感していく機会になるのではないか。

また学校現場では、事件があるたびにスクールカウンセラーが緊急に派遣される。私は、教師や保護者へのコンサルテーションという視点からその意義を認めながらも、子どもたちへの対応は、緊急事態だからこそ日常的な関わりが深い教師や保護者がまずすべきだと考えている。たとえ子どもたちの前でうまく言葉にできず、泣けてしまうだけであってもかまわない。原因・背景や今後の取り組みなどを論じるのは、その後ではないかと思う。

第二は、「見返りを求めない愛」を注ぐことである。親や教師が、子どもに見返りを求めて支援をするとき、子どもに余分なプレッシャーがかかり、自分のためではなく大人のためにがんばる子どもが生まれることも少なくない。

例えば、合唱コンクールのアピールで、「私たちは、先生のためにがんばります」などと言う生徒を育ててはいないか。不登校になったときに、「お母さんの望むような人間になろうと私は生きてきた」と話した高校生もいた。たいへん成績はいいが、それでもお母さんの期待に応えられていないと自分を責めて、リストカットを繰り返してきた高校生もいた。「子どものため」と言いながら、見返りを求める愛で、子どもたちを追い詰めることはやめにしたい。

こうした関わりは、子どものために良かれと思う動機があったとしても、子どもへの支配、コントロールにつながっていく。子どもを比較したり脅したりしながら見返りを求める愛は、子どものためといいながら、根底には親や教師の自己愛や自我の肥大化がある。しかし、そんな大人も、実はつながりの実感が乏しく、「自分のことを認めてほしい」と願いながら、孤独の中を生きているために、子どもとの共依存関係に陥っていることも少なくない。教師は、しばしば学校を訪れる保護者をクレーマーと排除するのではなく、保護者の願いや悩みを聞きながら、一緒に考えるところから協働をはかる姿勢が求められている。

これは私の実感でもあるが、子どもの立場からすると、自分が親から受けた愛は大きすぎて、親が生きている間には、とても返せそうにない。しかし他方では、それでいいのではないかと考えている。やがて大人になった時、親や教師から見返りを求めない愛を受けて育った子どもは、次の世代に受けた愛を伝えていくのではないか。このような人々の営みが、人類の幸せを少しずつ膨らませ、社会を発展させてきたのではないか。

第三は、「どんな時もあなたの味方」という姿勢を伝え続けることである。子どもたちが個性を強調され、孤独な競争社会に投げ込まれるような状況の拡大は、家庭、学校、地域、職場などにおける子どもや青年の守り手を喪失させてきた。企業における終身雇用制の撤廃や教職員への評価制度の導入など、大人社会も同様の傾向を深めている。

子どもが順調に育っているときだけではなく、むしろ成長の過程でつまずいたりトラブルを起こしている時こそ、このメッセージは意味を増し子どもの支えとなる。このような共存的他者の存在は、「自分が自分であって大丈夫」という存在レベルから子どもの自己肯定感を膨らませ、子ども自身の自己回復力にいのちを吹き込む。「味方」の前でこそ、子どもたちは「素の自分」を安心して出し、自分と向き合っていけるのではないか。

「どんな時もあなたの味方」という姿勢に立つことは、子どもを変えようとしているからではない。人は、自分が変わらざるをえないような状況に立ち至った時、自分でその必要性を感じ、「わかることとできること」の大きなギャップの前で葛藤しながら、時間をかけて自分で変わっていくものである。他者が支援的に関わる中で、簡単に人を変えたり治したりできるなどと考えているとしたら、それは不遜な態度であると思う。「どんな時もあなたの味方」という姿勢は、子どもが安心して葛藤し、時間をかけて自分のペースで変わり、人生を創造していく営みを応援する大人からのメッセージとして意味を持つ。大切なものは、子どもを主体として尊重する大人の守りの枠であり、必要以上に、子どもに手や口を出すことではない。

5　大人と子どもの関係と子どもの自己形成
——不登校問題を手がかりに——

(1)　つながりの実感はどこから

子どもたちは、どんな時に大人や友達と「確かにつながっている」と実感しているのであろうか。また大人は、この問いにどう答えるか。ここでは、子どもとの「つながり役」（パートナー）と、子ども同士、子どもと他者の「つなぎ役」（コーディネーター）としての親や教師の役割の視点から検討してみたい。

第一は、文句なく楽しいことを友達と一緒にしているときである。少年期に、文句なく楽しいことを、仲間とたっぷり経験することは、自己肯定感の土台となる。自分の身体と心を目いっぱい使い、汗をかきながら仲間と楽しく遊んでいる子どもの姿は輝いていて、まさしく自己肯定感の塊のように見える。

同時にこうした遊び体験には、自分だけが楽しいのではなく、みんなが楽しくなるためにみんなで決めたルールがある。しかし、子どもたちは未熟なために、時にはルールを破ったり、トラブルが起きたりすることもある。これ自体が、子ども同士がぶつかり合って人間関係を学ぶ貴重な体験の場になっていく。

少年期から思春期にかけて、遊び集団に象徴されるように、ぶつかり合いながら、何度失敗しても切り捨てられたり排除されたりすることなく、受け入れてもらえるような集団を日常生活の中に作っていくことが、特に学校に求められている。ルールのある遊びを通して、時にはルール破りを叱られたり、ルールを守って遊ぶことの楽しさを実感したりしながら、日常の生活体験の中で子どもたちのソーシャルスキルは身についていくのではないか。学級でソーシャルスキルトレーニングを重ねても、日常生活の中で実際に失敗付きの練習ができる集団がなければ、限られたセッションの中での一体験に留まってしまう。

子ども同士の「つなぎ役」（コーディネーター）としての親と教師の役割がここにある。

第二は、負の感情や体験が出し合えたときである。子どもたちは、気遣いの日常生活の中で、「悲しい、つらい、腹が立つ、不安、いらつく」といった負の感情や体験に蓋をしながら過ごしていることも多い。ぎりぎりまで我慢した結果、少年事件といった形で不幸な暴発をしてしまうことも起きてくる。むしろ、日常的に親や教師に悪態をつきながらSOSを出し、見捨てられずに関わってもらった子どもは、早期にいい出会いとつながりを体験したと言えるのではないか。

その一方では、みんなの前ではいつも明るく元気に振舞い、つらいことは「心の専門家」に相談して密かに聞いてもらい、また何事もなかったかのようにみんなの中に戻っていくような青年が増えてはいないか。誰にも相談できず、受け止めてもらえないときには、摂食障害やリストカットという形で、自分の身体を傷つけながら、必死にSOSを出していることも少なくない。

負の感情や体験を表出し、受け止めてもらうことで、他者は共存的他者となる。同時に、それまで翻弄されてきた感情や体験を相対化し、自分にとっての意味を問い直したり、安心して悩んだり、一区切りをつけることもできるようになる。

人の一生は、依存から自立ではなく、依存しつつ自立し、自立しつつ依存していくといった形で、依存と自立のバランスをうまくとりながら生きていくことにある。従って、幼児期・少年期にたっぷりとした依存関係を築くことは、自身の葛藤や弱さも出しながら、上手に助けを求めていく人間信頼の幹を育てる。それは、思春期・青年期の自立を支え、成人期後半から老年期には、また上手に周囲に助けを求め依存していく力となって生き続ける。子どもとの「つながり役」(パートナー)としての親と教師の役割がここにある。他人に頼り、他人に支えられることによって安心感を得られない人々は、人間関係を金力、権力、暴力、脅しなどのフォース(force)に頼る支配・コントロールへと傾斜させていくからである[高垣、2005]。

(2) 親や教師も「負の感情や体験」が出し合える関係を

では、「つながり役」や「つなぎ役」としての親や教師の姿勢や力量は、どこで身についていくのか。例えば、わが子が学校に行かなくなった時、多くの親は大変動揺し、働きかけの手がかりを求める。そんな時、親に対して相談先などで、「一番しんどい思いをしているのは、不登校になった子ども自身ですよ」と言われることがある。これは、大切な指摘である。しかし、子どものしんどさ以上に、親の方がしんどくてたまらないと思えてしまうこともある。

私たちが、地域で開催している不登校の子どもを持つ「親の会」に初めて参加されたあるお母さんは、「子どもが学校に行かなくなった時、この子がいないほうが楽だ。私の立場はどうしてくれるのと思えてしまった」と泣きながら話された。今まで、「よい不登校の親」を演じながら、自分の心に蓋をしてきた負の感情や体験が、初めて出せた瞬間であった。それを否定しないで、「私もそんなことが何度もあったよ」と責めずに聴いてもらえる世話人や参加者との出会いの中で、徐々にわが子の中にある負の感情や体験を、受け止めることができるようになっていったのである［春日井、2004c］。

それから数年後、「あの時は、自分のためにここで泣いたけれども、今度は初めて子どものために泣けた」と、単位制高校に通う子どもが葛藤する姿の報告を聴くことができた。このお母さんがたどった経過は、否定しないで聴いてもらえることで、守り手と出会い、自分自身と安心して向き合い、わが子と適度な距離を取りながら向き合っていけた道筋を示している。

つまり、自分の弱さが出せて聴いてもらえて、大人同士が責め合わない場や関係が、学校での教師同士、教師と親、家庭・地域での親同士の中に作られていくことの大切さである。こうしたピア・サポート*（Peer Support）のネットワークが、幹の太い「子ども支援ネットワーク」となっていく。時には、教師同士が子どもに対する負の感情や体験を出してその意味を問い、支え合える同僚性を形成し、「親の会」と同様に「教師の会」といったつながりが職場で機能することが大切である。学年会議や個々の事例を検討するケース・カンファレンス、生徒指導部会、教育相談部会などが、最前線で踏ん張っている担任のSOSを受け止めて支える「教師の会」として機能していくことが重要になっている。

教師や親どうしが、つながりを実感できる場や関係を得た時、子どもとの「つながり役」（パートナー）や子どもどうしの「つなぎ役」（コーディネーター）になっていく道も同時に開かれるのではないかと考えている。

ピア・サポート（Peer Support）
仲間、同輩による支援活動を指し、移民を多く受け入れているカナダで一九七〇年代に、レイ・カー（Rey Carr）の指導で始まった。その後、アメリカ、オーストラリアなどの多文化社会で広まり、ヨーロッパやアジアにおいても取り組みが始まっている。その対象は、小中学校・高校の子どもたちだけではなく、大学生、地域、会社、高齢者、障害者など、さまざまな分野で活動が展開されている。なお、学校における具体的な取り組みは、ピア・サポーターの組織化、トレーニング、援助計画、援助・相談活動、ふりかえりといった内容で実践が始められている［中野ほか、2002］。

(3) 子どもと向き合い出会い直す——手当て、聴く、見守る、認める——

親や教師の「負の感情や体験」が出せる場と関係は、親どうしや親と教師の関係において強調したのであり、子どもに親や教師の不安やストレスをすべてぶつけてもいいと言っているのではない。では、思春期の子どもと大人はどのように向き合い、「出会い直し」をしていったらいいのか。「手当て、聴く、見守る、認める」といった視点から、検討をしていきたい。

第一は「手当て」という関わり方である。子どもが幼いほど、不安やストレスは、さまざまな身体症状となって表出し、ストレートに大人にＳＯＳを求める。しかし、幼児期や少年期に耐えて頑張り続け、思春期まで持ち越してやっと摂食障害やリストカットといった形でＳＯＳが出せたようなケースも少なくない。他者からのアクセスの多さを支えにしながら、自分のホームページにリストカット日記を毎日書き込んでいるような中学生や高校生もいる。

このようなときに、親や教師はどうしたらよいのか。なぜそんなことを繰り返すのか問い詰めたり、逆に腫れ物に触るように遠巻きにすることではなく、傷の手当や「おつかれさん」といった労をねぎらう言葉かけなど、心身を気遣う手当てを、まず丁寧に行う必要がある。子どものことを心配しながら、傷ついた心身への「手当て」を行うことは「出会い直し」の入り口になる。そのうえで、病院に一緒に行って、専門家につなぐことが必要な場合もある。

第二は、「聴く」という関わり方である。例えば、「私は学校に行きたいのに、お母さんは学校行けと言う」とある子どもは言った。ここには、話を聴いているつもりの母親と娘の気持ちのズレがある。母親は、学校に行けているかいないかの結果で娘を評価しているが、娘は、「行きたいのに行けない」という葛藤する気持ちを母親にわかってほしいと願っている。

つまり、子どもと向き合って「聴く」という営みの大切な中身は、葛藤の言語化を手伝うことであり、葛藤を孕んだ感情を精一杯わかろうとする親や教師の姿勢なのである。そこで子どもと大人がつながりあえた時、子どもは葛藤から目をそらさずに、自分に向き合いながら悩み成長していくのではないか。

第三は、「見守る」という関わり方である。ある子どもは、「お母さんは、私のことなんかわかっていない」と言った。ここには、わかってほしいというメッセージと、勝手にわかったような気にならないでという二つのメッセージが込められている。

親も子どもの気持ちをわかろうと焦って、何とか言葉で表現させようとする。しかし私たちは、自分の気持ちさえ自分でわかっていないようなところもある。しかも、その気持ちは流動的で、変化することもある。葛藤の渦中では、言葉にしたら「微妙に違う」ということも多いのではないか。

子どもの気持ちを「聴く」ことで理解しようとする姿勢は大切であるが、すべてをわかろうとはしないことである。むしろ、子どものわからない部分を含めて、時間や空間を共有しながら見守っていくことが大切な時もある。「どうしたの」と声をかけることで、「気にしてるよ」というメッセージを伝え、少し距離をとって見守ってもらう方が、子どもは安心して悩めることもある。

第四は、「認める」という関わり方である。ある子どもは、「お母さんの望むような自分になりたい」と言った。これは、親が厳しいレールを引いて叱咤激励しながら育ててきたケースとは限らない。親は自分の好きなように生きてほしいと子どものことを思っていても、「親に嫌われたくない」と頑張ってしまい、息切れを起こす感受性豊かな子どももいる。

例えば、子どもが学校に行かなくなった時に、「無理して学校に行かなくてもいいよ」と親が言ってくれた場合、子どもはどのように受け止めるか。実は、「無理して学校に行かなくてもいいよ」という発言自体に、登校への親のこだわりがにじみ出ている。自分は駄目だと思っているのに、親が無理して言ってくれていることを感じて、「お母さんに悪いな」と負担に感じることもある。

では、子どもがマイナスの自分を抱え落ち込んでいる時に、「認める」とは、どうしたらいいのか。学校に行くことができないときに、「そんなあなたでもいいよ」と言われて、子どもが元気になるかどうかは難しい問題である。子どもが素直に受け止めた場合、行くことができないマイナスの自分を親が認めてくれた点では、±ゼロの評価ではないか。

私はむしろ、親の視点から学校に行けないことに焦点化した±ゼロの評価だけではなく、子どもが素直に「うれしいな」と感じられるようなプラス評価が大事ではないかと考えている。それは、子どもを見るときのフィールドを広げて、例えば子どものささやかな成長や趣味・特技・関心事などを一緒に再確認していく親子の共同作業になる。「親の会」に参加されたある母親は、「先を心配して今頑張れと言うより、今できていることを喜びたい」と言われた。そんな大人たちから、子どもはエネルギーを充電し自己回復力にいのちを吹き込んでいくのではないか。

6　進路指導・キャリア教育を問い直す

(1)　人間形成と職業意識形成の視点

思春期の子どもにとって、進路選択は避けて通れない重要な課題である。親や教師の関わりも重要な課題となる。しかし、高校の通学圏の拡大や特色選抜制度、学校統廃合などの影響を受けながら入試状況が激変する中で、子どもに失敗をさせるわけにはいかないと進路指導を進める中学校教師や親の緊張は高まっている。

このような中で、生徒指導も管理的な色彩を強め、親は叱咤激励を強め、子どもの発するSOSを十分に受け止めきれないまま高校へ送っているような状況は少なからずあるのではないか。高校の教員研修会などで、「教師に平気で悪態をつく生徒に出会ってショックを受けている」といった報告をよく耳にするようになった。ここには、効率的な受験競争激化の中で進路指導に関わる中学教師は余裕を失い、子どもは中学校で出したSOSが十分に受け止めてもらえず、高校に来ても必死にＳＯＳを出し続けている姿があるように思う。

他方では、小学生による私立中学校受験から、幼稚園児による私立小学校の「お受験」や早期教育、少子化問題［汐見、2000］に拍車がかかる一方で、キャリア教育にも早期化の傾向が見られることを危惧している。

私は、小中高（普通科）における進路指導・キャリア教育は、直接的な職業能力形成の視点よりも、人間形成と職業意識形成の二点から大きな意義があると考えている。人間形成は、生きる主体としての自己形成である。それは、人としてのあり方やひと・こと・ものとの関わり方の発展を指し、自分の生き方、生きる意味や働く意味、目指したい社会などを模索する子ども同士や大人と子どもの協働作業を通して形成されるのではないかと考えている。また、職業意識形成は、特定の職種に特化された技術・技能の獲得というよりも、小中高の発達段階に即して、自分の将来の夢や希望、やりたい仕事や作り出したい仕事の模索、職場体験やボランティア・インターンシップ活動、社会人・先輩などとの出会い、職業に関わる情報の収集・活用などを通して形成されるのではないかと考えている。

例えば、折に触れて親や教師が、自分自身の進路の変遷などを子どもに語ることを通して、自分の生き方、生きる意味や働く意味について、子どもが考える契機にしていくことも可能である。私は、中学校で「親の進路選択と子どもに望むこと」などについて、子どもが親から聴き取り、感想を書くという取り組みをしたことがある［春日井、2002］。大学でも「生徒・進路指導論」の授業の中で、同じような試みをしてきた。同じような取り組みをしても、新たな「出会い直し」が、その都度生まれていることがわかる。発達段階に応じて、話される中身も受け止め方も深化するからである。

進路指導・キャリア教育を進めるときにも、「つながり役」（パートナー）と「つなぎ役」（コーディネーター）としての親や教師の果たす役割は、重要になっている。

(2) キャリア教育も早期教育になっていないか

大学では「キャリア形成論」の授業を立ち上げ、コーディネーターとして関わってきた［春日井、2005／2006］。その中で、進路指導・キャリア教育が、効率的な高校・大学受験指導や卒業後の就職試験指導だけに特化されてはならないと考えてきた。

例えば、関西文化学術研究都市の中に、独立行政法人雇用・能力開発機構「私のしごと館」*という施設がある。ここでは、約七〇〇の仕事紹介ビデオの視聴や職業適性検査などを受けることもできる。「職業総合情報拠点」として開設されたこの施設には、近年全国から中学・高校の修学旅行生の訪問が急増している。パソコンを通して中学・高校生は、各自で職業適性検査を受け、適性であると判定が出た職業のビデオを見ることもできる。早期に具体的な進路選択の情報に触れ、体験、セミナー、ワークショップなどを受けて、モチベーションを高めるキャリア教育が志向されている。

情報提供・自己理解・体験をベースにした取り組みを見学しながら、独立行政法人雇用・能力開発機構が取り組んでいる事業としての目的と制約を有していることも理解しつつ、そもそも「職業適性」とは何かという問いが、湧き上がってきた。

＊厚生労働省の所管である独立行政法人雇用・能力開発機構「私のしごと館」は、二〇〇三年に開設された。建設費は五八〇億円であり、特別会計を通して雇用保険料が充当された。二〇〇四年度の運営経費は二二億円、収入は一・一億円であり、大幅な赤字を出し続けている。この赤字の補塡も、特別会計を通して雇用保険料が使われている。また、その役割に関しては、二〇〇四年に作成された「独立行政法人雇用・能力開発機構中期目標」の中で、「若年者対策について」として、「近年、フリーター等若年不安定就労者が増大しており、中長期的な競争力・生産性の低下等が懸念され、若年者を我が国を支える『人材』として育成していくことが喫緊の課題となっている。こうした中、機構においては、『私のしごと館』を中心に、若年者の職業意識の形成、職業訓練の実施、就職支援等若年者の就業について総合的な支援を行うものとすること」と規定されている。

第三次産業が主流を占め、とりわけサービス業においては、「心からいつも笑顔でよろこんで」といった深層的な感情労働が求められるような職場環境が拡大している。こうした中で、社会に出て働いたり人と関わって生活していくためには、どのような資質や力量が必要なのか。希望が叶わずに、違う職場に行くことになっても通用するような資質や力量とは何か。卒業時の職業の選択だけではなく、働き続けられるための労働条件や職場環境の検討が不足しているのではないか。終身雇用制度が撤廃される一方で、既卒者の再就職のための窓口が十分開かれていないのは重大な問題ではないか。育児やボランティア活動など、直接的には就職しない生き方も尊重しないと、PTA活動や地域・社会・文化活動は発展しないのではないか。そのためにも、主たる家計の担い手の安定的な雇用と収入が必要ではないのか。また、みんなが気持ちよく働ける職場環境と人間関係を形成していくために、雇用する側にはどのような責務や力量が求められるのかといったことを、同時に考えながら見学していた。このような点も含めて、人間形成と職業意識形成の二点から、進路指導・キャリア教育のあり方を深めていく必要があると考えている。

また、「13歳のハローワーク」［村上、2003］は「好きなことを仕事に」というキャッチフレーズでベストセラーになった。少子化が進行する中で、大学は生き残りをかけた学生募集に力を入れている。しかし、経済的な格差が拡大する中で、二〇〇五年度の大学・短大への進学率は52.3％に留まっているといった厳しい状況がある［文部科学省、2006］。「13歳のハローワーク」では、五四四種の仕事紹介がなされているが、一部を除き大学や専門学校に進学しないと実現できない職業の紹介が大半を占めている。三年生を対象にした進路講座としてある中学校に招かれた時にも、ほとんどの生徒が、図書館などで「13歳のハローワーク」を読んだことがあると挙手をしてくれた。しかし、他方では大学・短大や専門学校に行かない選択や行けない状況にある子どもたちに対する進路指導・キャリア教育の必要性は、より高いのではないかと考えている。「13歳のハローワーク」が広まった背景には、父母や祖父母といった大人たちが、自身が果たせなかった夢を子どもに託し、期待しているような側面もあるのではないか。これが、大学受験に向けて中学校から強く発破をかけるような仕掛けに使われないことを願っている。

(3) 青年の多様な生き方を応援する豊かな社会を

実際、好きなことを仕事にできて、生活が成り立っている大人が、どのくらいいるのか。同様に、これまでの人生の中で、第一希望を全部叶えてきたような大人は、どのくらいいるのか。

大学生がライフコースの中で就職への不安を訴えていたことに見られるように、現実的には「好きなことを仕事に」することも、第一希望に就職することも、非常に困難な状況がある。この壁の前で、第一希望にこだわってここまで来た優秀でまじめな学生たちほど、大きな挫折をすることも少なくない。最後はとりあえず採用された企業に就職していく学生、就職活動の中で希望自体が変化していく学生、第一希望にこだわって就職のための準備に入る学生、挫折してしばらくは落ち込んでしまう学生、アルバイトやフリーターとして働きながら好きなことにこだわって生きようとしている学生、まだ働くことに気持ちが向かない学生、大学院・専門学校・通信制大学などに進学する学生などもいる。

私は、これらの青年を「困った青年たち」とは考えていない。二〇〇四年以降広まった「ニート*」（NEET）という言葉は、一六歳から一八歳までの限定された青年層の失業者を対象としたイギリスの支援政策の中で生まれた。しかし、日本では失業者は含まずに、「働こうとしていないし、学校にも通っていない。仕事につくための専門的な訓練も受けていない」一五歳から三四歳までの青年という定義がなされ、「働く意欲のない困った若者」といった意味合いで使われている面がある［玄田ほか、2004］。日本における青年の就業問題の本質は、困った青年問題ではなく、本田ら［2006］が「ニートよりもはるかに増えているのは失業者とフリーター*」と指摘するように、政策的に生み出された失業者と非正規雇用増大の問題にあると考えている。

こうした状況をふまえながら、中学・高校生を対象とした出張講義で、内容が進路学習に関わるときに、以下のような点を意識的に強調している。

①将来の進路の希望は、これから君達が成長する中で変化していく。②自分が何に向いているのか、どんな適性があるのかといったことは、実はよくわかっていないのではないか。③希望が変わると同じように、成長する中で、自分の適性も変わることがある。④だから、今希望を持っている人はそれを大切に、持っていない人は考えることを大切にしたらいい。⑤好きなことや第一希望を仕事にできればいいかもしれないが、希望がすべて叶う人生などまずない。⑥そう考えると、第一希望が、たとえ叶わなくても、そのときのあなたはダメではない。⑦それに、希望した進路ではなくても、そこで素敵な出会いがあっ

ニート（NEET）

Not in Education, Employment or Training の頭文字を表記した言葉。イギリスでは、対象を一六歳～一八歳に限定し、階層分化、マイノリティーといった社会構造に由来する失業問題への支援政策の中で論じられた。日本の定義は異なり、厚生労働省［2005］の『平成一七年版労働経済の分析（労働経済白書）』によると、就労対象人口の一五歳～三四歳の男女のうち、二〇〇四年は六四万人が無業者であると報告されている。これをニートと呼んでいるが、家事従事者の扱いなど、省庁によって定義も異なる。小杉［2005］は、ニートを次の四つのタイプに分けている。

・ヤンキー型　反社会的で享楽的。「今が楽しければいい」というタイプ
・ひきこもり型　社会との関係を築けず、こもってしまうタイプ
・立ちすくみ型　就職を前に考え込んでしまい、行き詰ってしまうタイプ
・つまずき型　いったんは就職したものの早々に辞め、自信を喪失した

たり、その仕事が好きになるかもしれない。合わなければ、本当にしたいことを考えるきっかけになることもある。⑧しかし、好きなことを仕事にできなくても、好きなことは大事にして生きるといい。⑨人生というのは、働くことだけのために費やすのではないのだから。⑩結論を急がずに、何のために働くのか、生きるのかをじっくり考えてみよう。

最近ある中学校で、三年生を対象にした進路学習でちょうど上記のような話をしたことがあった。後日、担当の先生を通して届いた子どもの声を一部紹介したい。

「すごくフレンドリーな人だなあと思った。何のために生きているのかなんて、今まで考えたこともなかったけれど、これからはしっかり考えていこうと思う」「なんか春日井先生のお話を聞いていると、人生がすごく楽しく思えました。そして、人やものとの出会いが楽しみになりました」「人生は、思い通りに進んでいかなくて、おもしろいなあと思った。十年後の自分がどうなっているのかとても楽しみ」「第一希望がかなわなくてもダメではない、と聞いて安心した。わかっていたことだし、いろいろな先生も言っていたけど、春日井先生に言われるとすごくホッとした」「人間というのは、本当に深いものだとあらためて思った。つらいこともたくさんあるけど、人生っていいもんだなあと思った」

より強化される傾向にある学歴社会や階層分化の中を、このように健気に生きている子どもたちの「つながり役」「つなぎ役」として、「たった一回の人生だからこそ、自分の好

タイプ

＊総務省が五年ごとに実施している「平成一四年就業構造基本調査」[2003]によると一五歳～二四歳の「正規就業者」は、一九九七年の五四九万人から二〇〇二年には三三六万人に急減してきた。二一三万人、約40％もの減少である。雇用者全体に占める「非正規就業者」の割合を男女別にみると、一九九七年から二〇〇二年にかけて男性は10.1％から14.8％に、女性は42.2％から50.7％へといずれも大きく上昇している。また、厚生労働省の「平成一七年版労働経済の分析（労働経済白書）」[2005]によると、一五歳～三四歳の男女のうち、二〇〇四年は二一三万人がフリーターであると報告がなされている。さらに、一五歳～三四歳の男女のうち、完全失業者は一四八万人である。フリーター二一三万人、若年失業者一四八万人、無業者（ニート）六四万人である。計四二五万人にのぼる青年の就業問題の本質が、若年失業者と非正規雇用増大の問題にあると指摘したのは、このような状況からである。

きなように悔いなく生きてみろ。ダメだったら、また次のことを考えればいい。いつでも君のことを応援しているよ」と言ってやりたい。豊かな社会と言うのであれば、せめてこのくらいの幅のある生き方を認め、子ども・青年たちを本気で支援していく大人であり社会でありたい。

（春日井敏之）

引用・参考文献

土井隆義　2003　『非行少年の消滅―個性神話と少年犯罪』信山社
玄田有史・曲沼美恵　2004　『ニート―フリーターでもなく失業者でもなく』幻冬舎
本田由紀・内藤朝雄・後藤和智　2006　『「ニート」って言うな！』光文社
岩木秀夫　2004　『ゆとり教育から個性浪費社会へ』筑摩書房
金森俊朗　2003　『いのちの教科書―学校と家庭で育てたい生きる基礎力』角川書店
金森俊朗・村井淳志　1996　『性の授業死の授業―輝く命との出会いが子どもを変えた』　教育史料出版会
春日井敏之　2002　『希望としての教育―親・子ども・教師の出会い直し』三学出版
春日井敏之　2004a　「危機的年齢としての思春期の危うさと可能性―青年期から少年期・思春期を見直す」心理科学研究会（編）『心理科学』第24巻第2号　1-13p.
春日井敏之　2004b　「再考『心の教育』―大学生は心のノートをどう読んだか」日本生活指導学会（編）『生活指導研究』第21号　64-80p.
春日井敏之　2004c　「不登校の多様化と支援ネットワーク―「父母の会」を中心に」立命館大学人間科学研究所（編）『立命館人間科学研究』第7号　47-61p.

春日井敏之（編）2005『立命館大学キャリア形成論Ⅰ　自己との対話──社会につながる学びを求めて　授業報告集』
春日井敏之（編）2006『立命館大学キャリア形成論Ⅰ　自己との対話──社会につながる学びを求めて　授業報告集第2号』
苅谷剛彦　2001『階層化日本と教育危機──不平等再生産から意欲格差社会へ』有信堂高文社
小杉礼子（編）2005『フリーターとニート』勁草書房
文部省　1993『小学校教育課程一般指導資料──新しい学力観に立つ教育課程の創造と展開』11-12p.
文部科学省　2006『平成18年度学校基本調査（速報）』
村上　龍　2003『13歳のハローワーク』幻冬舎
中西新太郎　2005「ネット時代を生きる子どもの困難と可能性と」京都教育センター（編）『季刊ひろば』第144号　4-11p.
中野武房・日野宜千・森川澄男（編）2002『学校でのピア・サポートのすべて』ほんの森出版
小沢牧子・長谷川孝（編）2003『「心のノート」を読み解く』かもがわ出版
斎藤貴男　2004『機会不平等』文芸春秋
さとうひろこ　2005「不安や淋しさの中で……心の癒しを求めて」京都教育センター（編）『季刊ひろば』第144号　22-24p.
汐見稔幸　2000『親子ストレス──少子社会の「育ちと育て」を考える』平凡社
白井利明　2003『大人へのなりかた──青年心理学の視点から』新日本出版社
高垣忠一郎　2004『生きることと自己肯定感』新日本出版
高垣忠一郎　2005「近年の少年犯罪の背後にひそむものについての一考察」日本生活指導学会（編）『生活指導研究』第22号　32-45p.
山田昌弘　2004『希望格差社会──「負け組」の絶望感が日本を引き裂く』筑摩書房

第4部　現代社会にあらわれた自己形成の問題

第7章　思春期女子の自己形成

1 はじめに

思春期は、身体面や意識面で揺れ動く時期です。思春期の始まりを第二次性徴に見るように、思春期は身体に著しい変化の現れる時期です。また、思春期は、「自分って何？」と自分に対する実存的な問いに目を向けるような、自分に対する意識が高まる時期でもあります。思春期の受け取り方に個人差はありますが、これまで馴染んできた自分というものが未知の世界へと足を踏み入れていく不安は、誰にも存在すると思われます。そして、その不安を助長するように、本人を見る周りの目や学習、生活の環境なども変化する時期でもあります。

この章では、身体的・性的成熟の早期化や対人関係における過剰な気遣いという点で問題を生じやすい思春期女子の心理的特徴を検討し、現代における思春期女子の自己形成の危うさと支援のあり方について考察します。

2　思春期女子の心理的特徴

(1)　身体的、性的成熟の早期化

思春期を迎えると、身長、体重などの身体発達はそれまでよりも急速に進み、初潮などの第二次性徴も出現する。これらの変化は十分な予告なく急に訪れ、自分の意思や力ではどうにもならない。これまで馴染んできた身体が、突然にそして拒否することもできないまま大人の身体へと変わっていくことに動揺したり違和感を感じたりすることは、子どもによって個人差こそあれ存在している。加えて都筑［2004］によれば、今日の子どもたちの性的成熟を含む身体的発達は先行世代と比べ早期化もしている。

外見が大人の身体に変化していく過程は、自分自身への関心が深まっていく過程でもある。乳幼児期の子どもたちとは異なり、自分のことを客観的に眺めたり、自分自身を振り返ったり、「自分は何者なんだろう」という問いを自分自身にしてみたりするようになる。また、自分を振り返るときに必ず「他者の目」を通して自分を見るようになるのも思春期の特徴であると言える。それゆえ、自分を意識していくとともに、他者から自分はどのように見られているのかということも気になるようになる。

知的発達面でも具体的操作期から形式的操作期へ移行し、抽象的、論理的な思考ができる段階となる、自分自身の内面についても反省的にとらえられるようになるなど、精神発

達上大きな質的変換が起こるといわれる思春期だが、身体的発達のように早期化することは認められていない。そのため、発達上の大きな変化にどのように対処していけばよいのか子ども自身とまどい、過敏に、時として危うく対応していくこととなる。身体的な外見と精神的な内面との発達上にアンバランスが生じていることが、現代における思春期の大きな特徴だと言える。

(2)「友だち」の目への意識

自分を意識していくに従って、他の人から自分はどのように思われているのかということが気になるようになる。特に、「友だちにどう思われているのか」というのは、現代の子どもたちに共通する最大関心事である。特に学校集団の場では、友だちとの人間関係が悩みの種である。集団の内側にいる子どもにとっては気にならないことかもしれない。あるいは気になるからこそ集団に入れない子を排除して結束しようとするのかもしれない。逆に、排除されている子、「個」を感じ始めた子にとっては、集団に認められる姿だけを求められるのは大きな負担となる。敬遠されるという排除のされ方は、表面上はっきりしない分、やり場のない不安と孤独感が増すのではないかと思われる。

梨木香歩［2003］の『西の魔女が死んだ』にこのような場面がある（158-159p.）。

『…「女子の付き合いって独特なんだよね」…「クラスの最初にバタバタって幾つかのグループができるんだ。そして休み時間に一緒にトイレに行ったり、好きなスターの話とかするんだけどさ」…「その波に乗ったらそんなに大変じゃないんだよ。最初気の合いそうな友だちのグループに入るまでがすごく気をつかうけれど。去年まではわたし、すごくうまくやれたのよね。でも、なんだか今年は、そういうのが嫌になったんだ」…「グループになりたいなって思う子の視線をとらえてにっこりするとか、興味もない話題に一生懸命相づちを打つとか、行きたくもないトイレについて行くとか。そういうのが、なんとなくあさましく卑しく思えてきたんだ。」…「それで今年はもう一切そういうのやらなかったんだ。そしたら、去年まで仲がよかった子まで、ほかのグループに入っちゃって、結局一人になっちゃったんだ」…』。

自分を肯定することよりも、「みんなによく思われたい」という社会的な立場を考えなければならないことは、大人からも自立し自分の内面を見つめはじめる思春期の子どもにとって、相対立する大変な葛藤を強いることになる。浮いている自分と、みんなとは感覚が違うと気づきはじめた自分との間で引き裂かれる思いをしているだろう。

また、現代の子どもたちにとっては、親友と言えども決して心の許せる相手ではないようである。東京と大阪の中学三年生一、九〇〇人を対象にNHK［2001］が行ったアンケートによると、「悩みを相談する相手は誰ですか？」という問いに対して「友だち」64.5％、ついで「親」36.5％という結果が出ている（**図1**）。また、「親友と呼べる友だちがいますか？」という問いに対しては、「はい」82％、「いいえ」14％（**図2**）、「一番自分らしさを発揮できる場所は？」という問いに対しては「友だちといる時」57.4％、「部活」25.9％、そして「家族」20.4％という結果であった（**図3**）。

これらの結果から見ると、現代の子どもたちが、「友だち」特に「親友」に対しては心

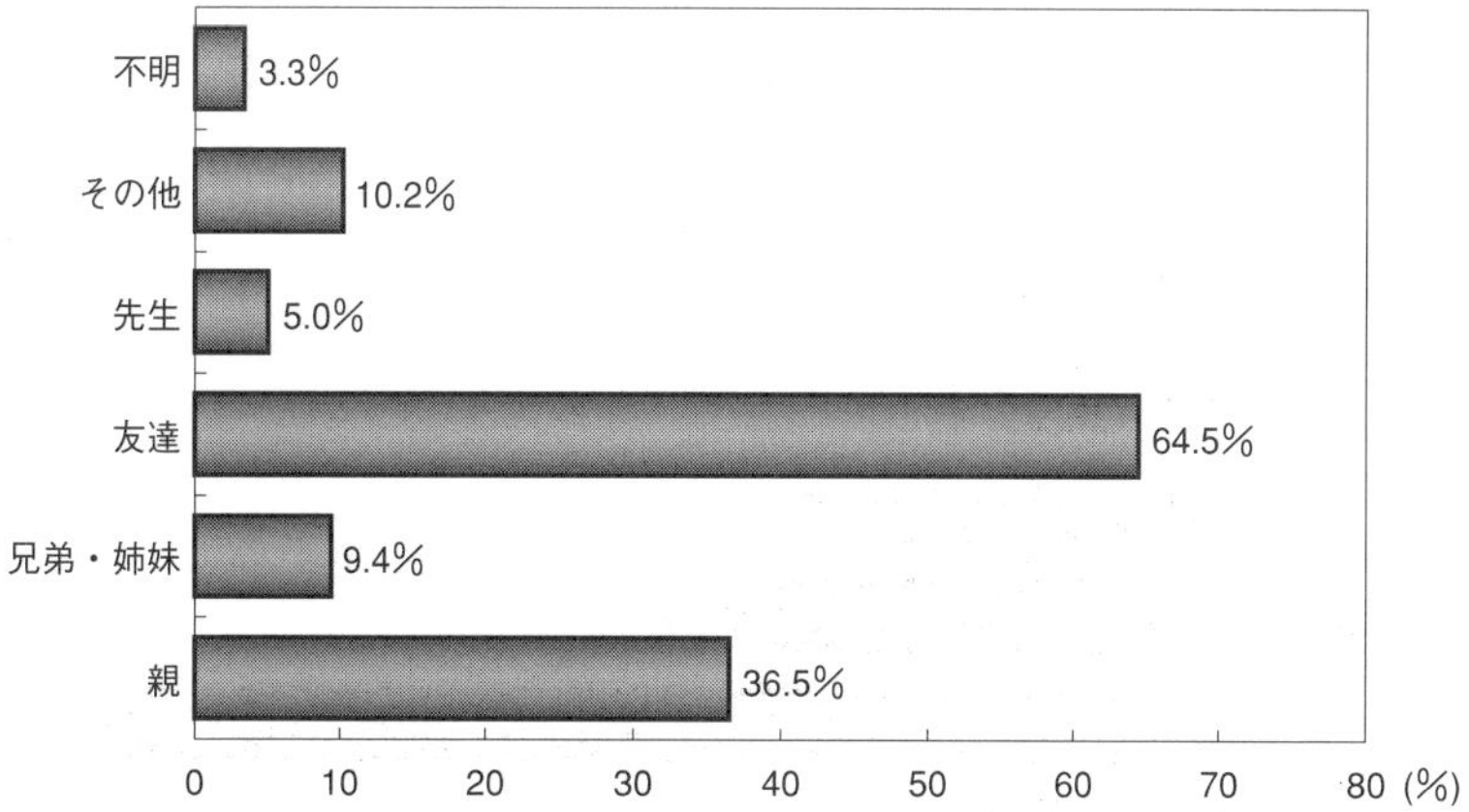

図1　悩みを相談する相手は誰ですか？

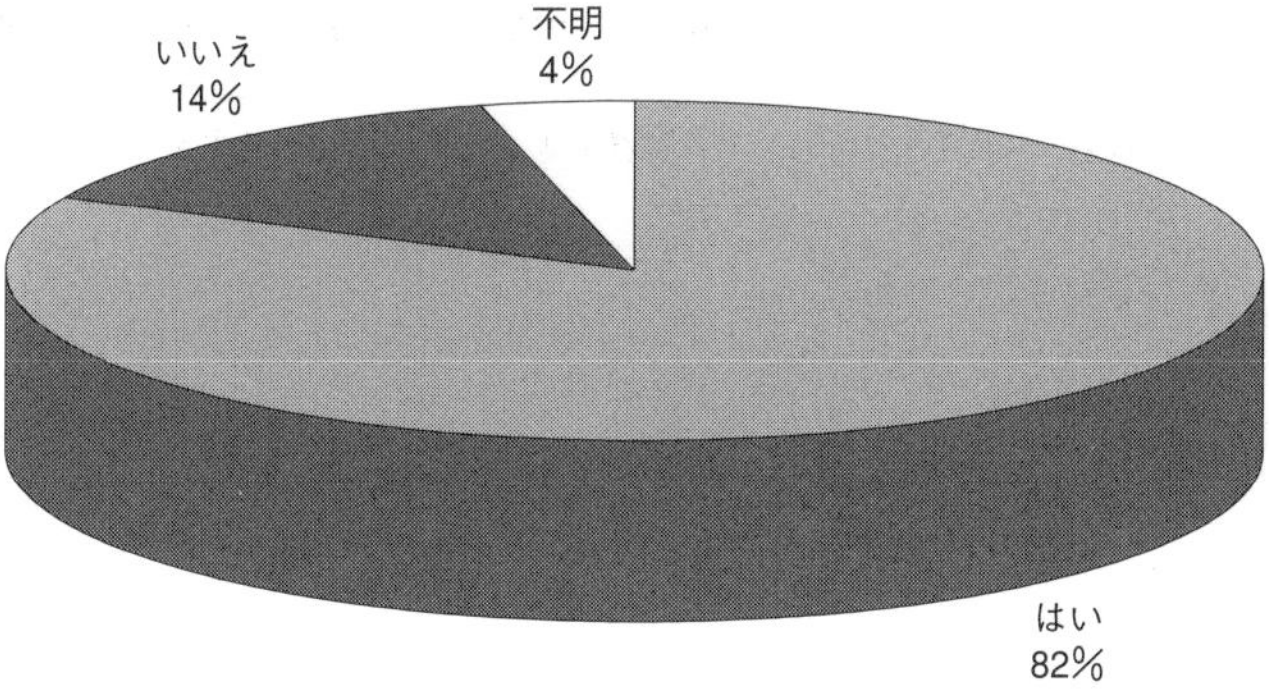

図2　親友と呼べる友だちはいますか？

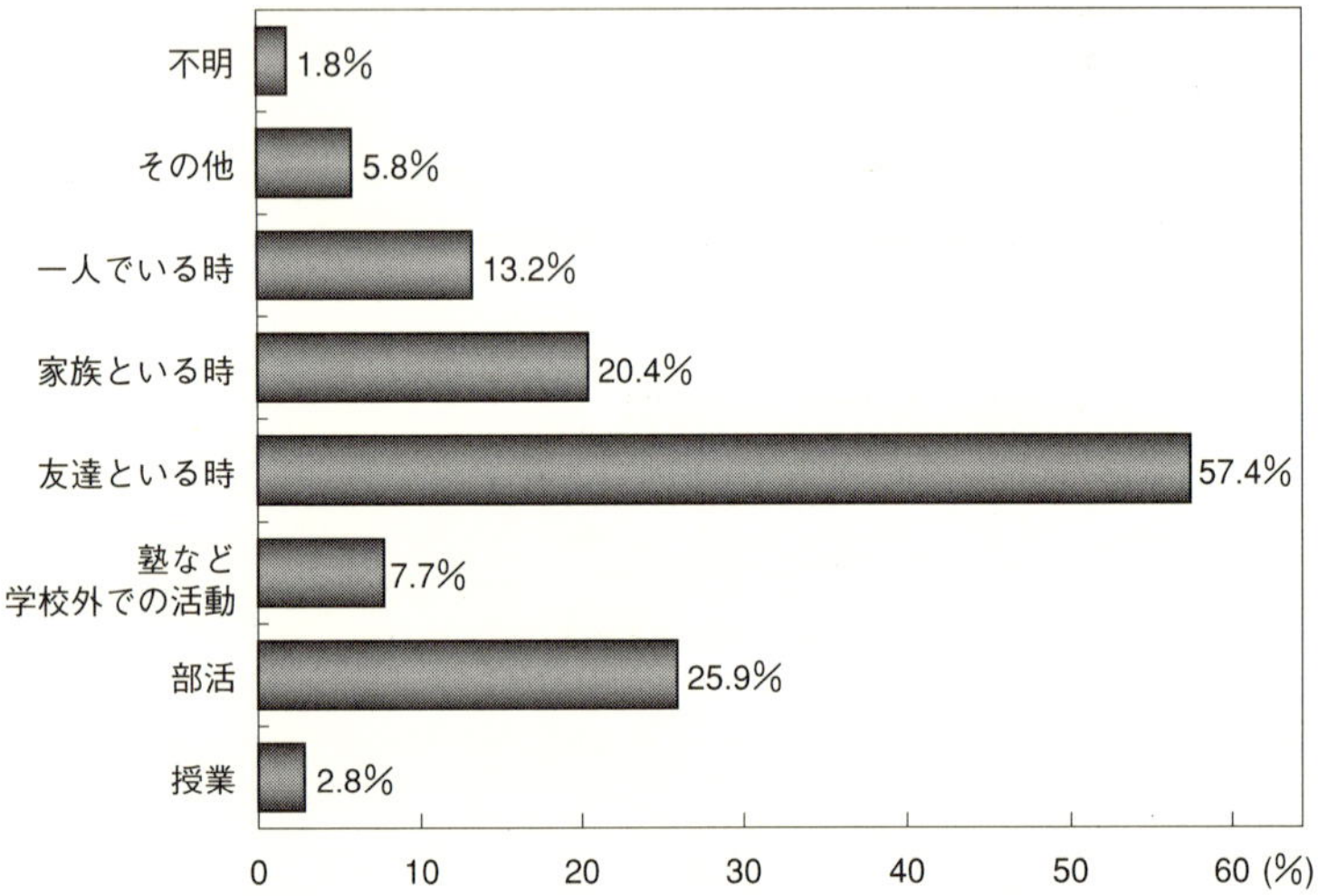

図3　いちばん自分らしさを発揮できるところはどこですか？

を許し互いの悩みを打ち明け合い、楽しい時間を過ごしている姿が想像される。しかし、社会問題になっている「いじめ」はまだまだ多く、学校には登校するが保健室で過ごしている子どもたちも増えている。また、昨日まで仲の良かった友だち同士が、今日は互いに悪口を言い合い、時には相手を仲間外れにもしている。

このことから、現代の子どもたちの「友だち」観は私たち大人が考えるような関係であるよりもむしろ、「同じ考えで同じ行動をとっていく仲間」なのではないかと思われる。もし、「友だち」と違う行動をとれば「友だち」ではいられなくなり、場合によっては一人になる。だからこそ、互いに同じであることを確認しあうための時間を共有し、仲間と同じ行動をとるのだろう。自分がいじめられないように、教室に入れるように、学校という場で生活していくためには「友だち」とそして「親友」とつながっていくことが必要なのである。

(3) 見られる自分への意識

「友だちからどう思われているか」ということが気になることからも、思春期には「周りの人から自分がどう見られているのか」を強く意識することがわかる。長野県立短期大学心理学ゼミナールの『青年期における「目立ちたいけど目立ちたくない心理」とその形成について』(6p.)の中で、『…小学校の低学年頃は、〝まじめだね〟という言葉はほとんど気にならなかったが、高学年になると、その「まじめ」ということばをすごく嫌い、怖がるようになった。それはどうしてだろう。…高学年になったら〝人〟を見るようになったからだと思う。〝人〟を見るということは、すなわちまわりを意識するということで、この気持ちによって人間関係の複雑さが見えてくる。例えば、目立ちたくない心理も、このまわりを意識することから起きる。』という意見が出されている。このような気持ちは、冷静に自分を見つめたり、自分の外見を意識したりする契機になるだろう。自分の表情や態度、話がおかしくはないか、人から変だと思われていないかと心配になる。一方で、自分の容姿や持ち物が人より優れているだろう、勝っているだろうと顕示する気持ちもあるだろう。

特に思春期の女子にとって、人からどのように見られているか、美しいか、スリムか、ということは非常に関心が高いことの一つである。「美しく」「スリムである」ことは良いというメッセージが、テレビや活字を通して届けられている。「やせたい」という願望は、女子で七割、男子で三割と大きな性差が見られること［ベネッセ教育総研、2001］、また過度なダイエットからの摂食障害が女子に多いことからも、その関心の高さがわかる。見られる自分を意識し始めると、他者の目に映る自己像と自分の理想像との間で揺れ動く。そして、何とか現実の自分と理想の自分との折り合いをつけ、「これが自分だ」と受け入れていくことになる。

見られる自分を意識するということは、自分の奥にある本当の自分を意識するということである。皆の前で振る舞う自分と自分の奥の本当の自分。思春期とは、「本当の自分とは何か」ということについて考え始める時期でもあるが、本当の自分について考え始めると、何が本当の自分なのかわからなくなりやすい。しかし、この時期に自分自身をしっかり見つめていくこと、そして周りの大人が子どもたちをしっかりサポートしていくこともこの時期の重要な課題であると言える。

3　思春期女子の自己形成の危うさ

(1)　友だち、尊敬できる大人の不在

思春期の女子は、同性の友だちとの深いつきあいを求める。数人のグループで常に行動するようになるが、このグループ内では、全員が同じような行動を取る。それは彼女たちの中に「目立ちたいけど目立ちたくない」との思いがあり、一人では目立ちたくないが、グループとして目立つことで、その思いを満たそうとするためである。また、信頼できると思える大人にたいしては、尊敬の思いを抱き、その人のようになりたいと思い、真似をするようになる時期でもある。その対象は、親戚のお姉さんであったり、学校の先輩であったりする。交流を持とうとしたり、同じような行動、服装をしたり、同じ持ち物を持ったりする。また、物語の主人公のように実在しない人物に憧れを抱くこともある。このような人間関係を経て、それぞれの自己を形成していくのである。

しかし、人間関係のあり方が、変わってきているようである。友だち同士のグループに関しては、一人だけ目立つことは許されず、全員が横並びでなければならない「一緒でなければ排除する」傾向が強くなっているようである。筆者の知る中では、「赤い髪留めの

ピンをつけたら、仲間はずれにされた。みんな青だから」と語った女子中学生がいる。以前から、このような傾向はあったと思われるが、排除の方向へ向かう力は強くなっているようである。憧れの大人の存在についても、人間的な魅力ではなく、スタイル、ファッションが重視されている。憧れている人の行動を真似るのではなく、洋服などのファッションのみを真似る傾向がある。また、憧れの対象が短い期間で変化する場合が多い。ひとつのものに多くの女子中学生が熱狂的に憧れ、夢中になるが、すぐに新しいものに目が向いてしまう。これには、メディアによって作られる流行が強く影響していると考えられる。流行のスタイル、ファッションをした芸能人が対象になり、「なんか、かっこいいから」という理由で憧れているケースが多く、どこに魅力を感じているのかを明確にできない場合が多い。本当に自分自身が魅力を感じて憧れているのではない。流行しているものに憧れなければならないのである。流行しているものに憧れなければ、グループから仲間はずれにされてしまうのである。そのような縛られた気持ちが、根底にはある。

(2) 親子関係のゆがみ

親子関係のあり方も変化してきている。特に、母と娘の場合を考えてみたい。思春期の娘と同じような格好をした母親に出会うことがある。友だち同士のようにも見え、子どもは「お母さんには何でも話せる」と言う。母親も「子どもの言いたいことは理解できる」と言う。互いに理解しあっているように思われる。しかし、母娘の関係はそれでよいのだろうか。時には、娘に嫌われても、母親としての厳しさを通す必要もある。ある母娘は、娘がボーイフレンドの家に行くのを、母親が自動車で送迎していた。母親としては、「そこそこされるよりはよい」と言うのだが、これは、娘の行動を理解しているというよりは、娘に迎合しているようにしか見えない。また、中学生の娘に出されたコーヒーにミルクや砂糖を入れる母親もいる。娘も、母親の行動を当たり前のように受け取っている。子ども扱いされることへの反発もないのである。娘のことを何でも知りたがる母親もいる。娘も当たり前のように母親に相談、報告し、自分で解決しなければならない問題も母親に解決してもらってしまう。問題が解決したことで、母親も娘も安心できるかもしれない。しかし、娘自身の問題解決の能力は育たない。思春期には、親は子どもを理解できなくなり、子どもも親を理解できなくなる。これが、あたりまえのことである。思春期を乗り越え、初めて、子どもは親を一人の人間として理解することができ、親ともある程度対等な関係が築かれるのである。

思春期は、親の姿を見て、自分と重ね合わせ、反発しながら、自己を作っていく。「親のようにはならない」と反発を覚えることで、自分はどうなりたいかを考えはじめる。親に押し付けられたものではなく、自分で進んでいく。しかし、親が思春期の子どもに対して自分で考える余地を与えていない。

(3) 大人世界への興味と過剰な情報

思春期は大人の世界に興味を持つ時期である。今までの子どもの世界にいながらも、これから先の大人の世界にたいする期待や不安の入り混じった興味を持ちはじめる。現在は、大人の世界に足を踏み入れるきっかけが、そこかしこにあふれている。それは、足を踏み入れることは簡単であるが、大きなリスクをともなう世界への入口である。携帯電話、インターネットなどの利用によって、子どもでも大人のふりをしてその世界をのぞくことができる。また、子どもにとっては興味をかきたてるような表現で宣伝が行われている。メディアの自主規制があるとは言え、興味を持った子どもにとってはなんの抑制にもならない。平成一五（二〇〇三）年に警視庁が行った中学生・高校生の携帯電話所持に関する調査（図4）では、一般中学生の58.0％が携帯電話を所持し、そのうち8.2％が出会い系サイトへのアクセス経験があると答えている（図5）。出会い系サイトへのアクセスのきっかけの主なものは「友人から教えられた」、「業者からメール送信」であった。利用した理由は、「遊び半分で（47.7％）」、「暇だから（38.6％）」、「おもしろそう（18.2％）」である（図6）。筆者の知る限りでも、学校での評価が良いとされる子でさえ、「ツーショットダイヤルで知り合った大学生と週末に会う予定だ」、「気分が落ち込んだときは、慰めてくれる相手を探して出会い系サイトにアクセスする」と語る。リスクはわかっておらず、「私のことをわかってくれる人だ」と年上のボーイフレンドができたつもりでいるのである。

また、次々と流れてくる情報に翻弄される場合もある。「良い」とされたものが、翌日には「悪い」とされ、大人でさえもさまざまな価値判断が難しくなっている。子どもたちはさらに、翻弄され、「本当のことは何もない」と結論付けてしまっている。

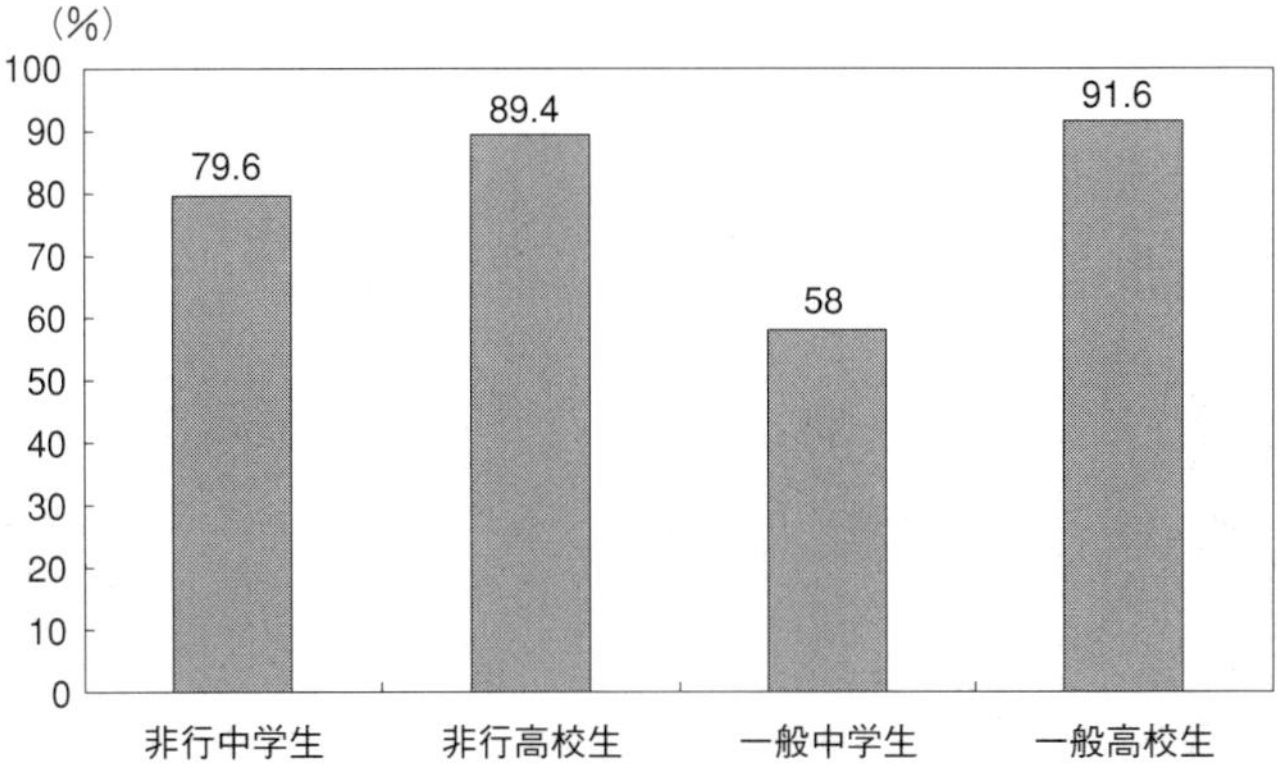

図4　携帯電話所持率

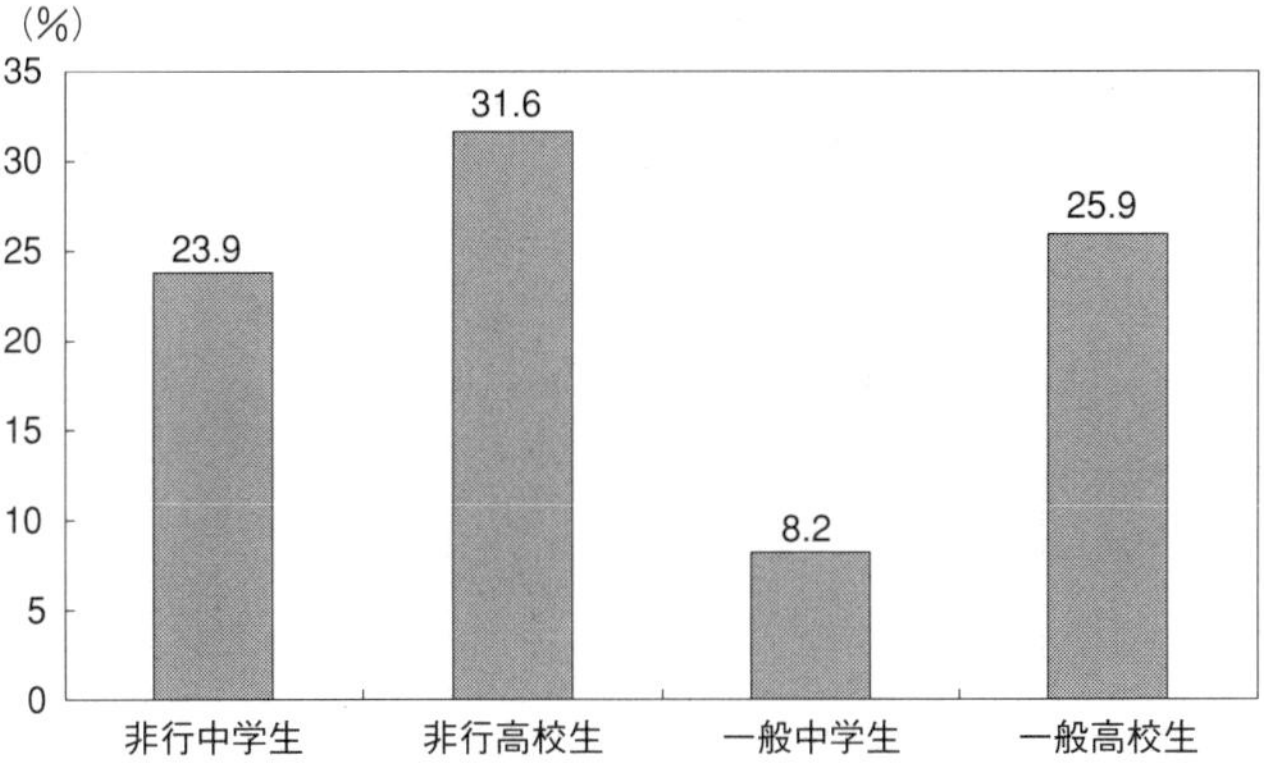

図5　出会い系サイトのアクセス経験

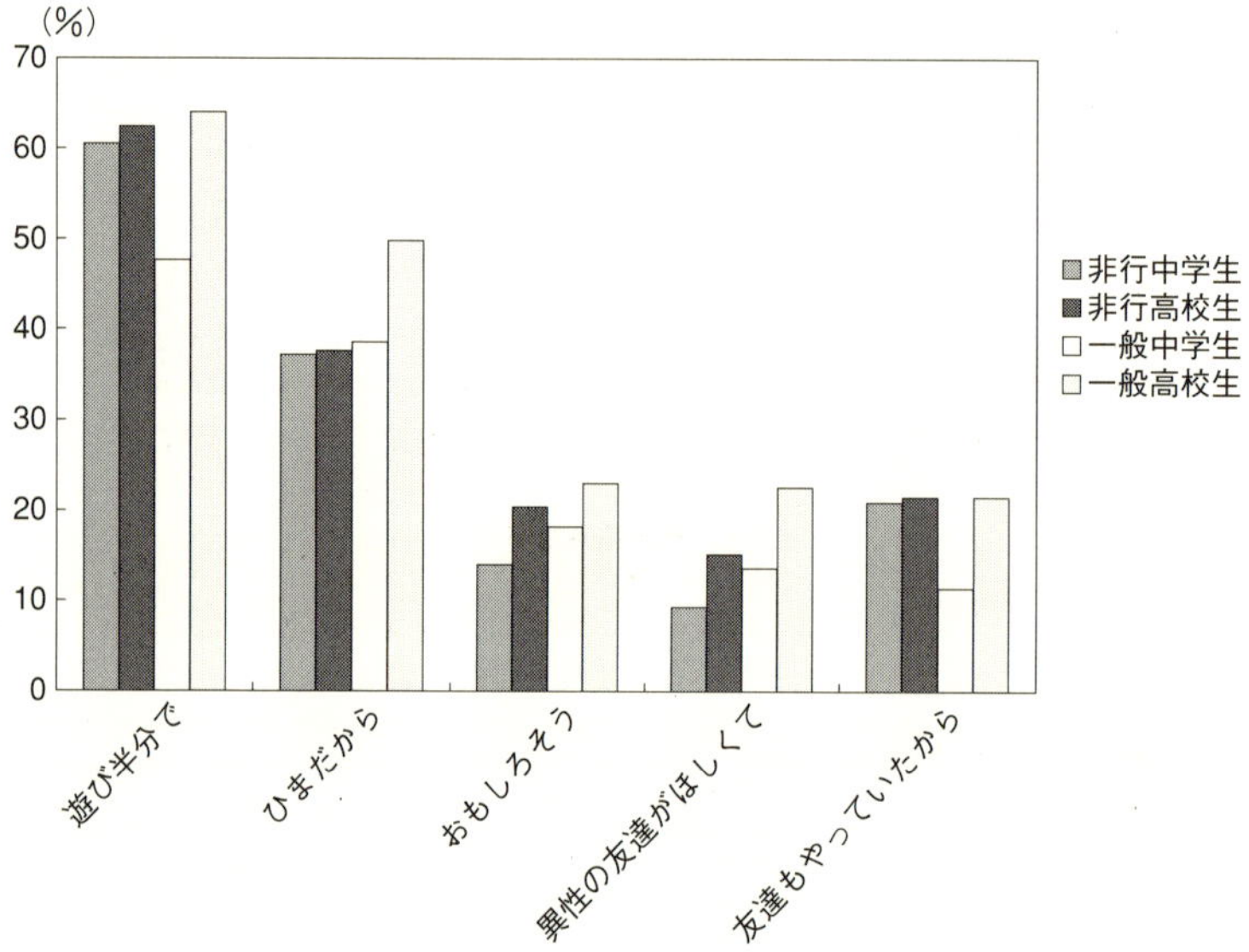
(%)
70
60
50
40
30
20
10
0
非行中学生
非行高校生
一般中学生
一般高校生
遊び半分で
ひまだから
おもしろそう
異性の友達がほしくて
友達もやっていたから

図6　利用した理由

(4) 自分の「商品」価値

思春期の女子は、自分の価値をどのように考えているのであろう。メディアでは、バブル期の女子大生、そのあとは女子高生（コギャル）がもてはやされ、徐々に低年齢化している印象がある。若ければ若いほどもてはやされているのが現状である。本人たちも、そのことを敏感に感じ取っていて、成長することへの嫌悪感を持っている。

本来なら、自分の年齢、取り巻く環境が変わっても、自分自身の価値は変わらない。しかし、現代の思春期女子にとっては、成長すると自分の「商品」としての価値が下がってしまうことを恐れている。そのため、大人になっても、中学や高校の制服を着て街を歩いたりする。まわりがつける「商品」としての価値しか、見出せずにいる。

また、本人自身が「商品」として価値があるだけでなく、市場としての価値もある。女子中学生、高校生をターゲットにしたファッションブランドや化粧品も数多く開発されている。そのため、企業から商品開発に意見を求められることもある。その際にも、大人をあごで使うような態度であっても、注意されることはなく、大切に扱われる。本人たち自身に価値があって大切にされているわけではないことは、本人たちも敏感に感じているのである。「女子高生」「女子中学生」でいる限り、自分たちが流行を作り出しているという錯覚の中で、価値ある存在としていられるのである。

4　支援のあり方

(1)　不登校の事例から

思春期女子の不適応の原因は、本人に問うてもはっきりしない。実際に、彼女たちに会い、カウンセリングをしていくと「自己形成の弱さ」というキーワードが思い浮かぶ。カウンセリングの初めに、筆者は必ず「あなたが困っていることは?」「あなたは、今、どうしたい?」と問うことにしている。しかし、彼女たちは、この問いにはっきりと答えられない。もちろん、さまざまな混乱の中にいて、はっきりと答えられないケースもあるが、ほとんどの場合は、「なぜそんなことを聞くのか」といった表情を見せるのである。思春期という時期が「自己」を埋没させ、そのため「自己形成の弱さ」が気になるのか、と思っていたころ、筆者は美保さん(仮名)という不登校の中学生に出会う。

美保さんは、中学一年生の一学期より、登校できなくなる。筆者の勤務する病院に、母に連れられて相談に訪れ、「友だちに会うのが怖い」、「自分の思ったことを話すと嫌われるから、みんなに合わせないといけない」と涙を流して訴えた。二年近くカウンセリングを行い、その間、適応指導教室への登校、校内の相談室登校を経て、教室へ復帰することができた事例である。美保さんの事例をもとに、支援のあり方を考えてみたい。

(2) 世代を超えた同性との交流

美保さんは、登校できなくなってから、毎日のように公的機関の思春期向けの電話相談を利用していた。そこでは女性相談員が対応しており、美保さんがいろいろと自分の気持ちを打ち明けることができていた。カウンセリングに通うようになり、母親に自分の気持ちを話すことができるようになるまで、電話相談は続けていた。

しばらくして適応指導教室に通い始めると、そこの女性相談員とのかかわりを楽しみにするようになる。「木下先生（仮名）が他の子と話しているといやだ」と、相談員を独り占めしたい気持ちも表現していた。

適応指導教室に通いながらも、学校の担任からの誘いで、一日一回訪れることができるようになる。担任教師とのかかわりから、中学校内の相談室への登校が可能になっている。これも、担任教師が女性で本人の支えになったことが大きい。

美保さんは対人関係がきっかけで不登校になったにもかかわらず、自分から対人交流を求めている。その相手としては、同世代の友だちではなく、異なる世代の同性であった。全員が相談活動をする立場の人間であり、美保さんが助けを求めやすかったということもあるが、その人たちとのかかわりが美保さんの中で、自分の育っていく姿がよいイメージとして形成され、自己形成を助けたことは確かである。

(3) ひとりでいる能力・集団でいる能力

美保さんは、当初一人になることを恐れていた。彼女にとって「一人でいることは友だちのいない子」と見られることであった。これは、美保さんに限らず思春期の女子の大半が恐れることである。自分のいる仲良しグループでは、みんな一緒でなければならない。同じような服装をして、同じような小物を持ち、同じように行動することで、彼女たちは「自分がひとりぼっちでない」ことを感じる。それほど違和感なく、グループの中で自分らしさを育てながら過ごすことができる人も多い。しかし、美保さんにとってはグループで過ごすことは自分を押さえることであった。集団の中では、自分を出すことができなかったのである。

児童期後半の特徴といわれる「ギャングエイジ」は、集団の中で行動する能力の始まりである。思春期になり、仲間集団を求める気持ちはさらに強くなるが、女子の場合は、その現れとして仲間集団以外のものを排除しようとする気持ちが強くなる。美保さんはそこに大きな恐れを抱き、仲間集団（グループ）に合わせることにこだわり、その中で行われるべき「自己形成」が出来なかったようである。常に周りに合わせることを考え、「自分はどうなのか」を考えることができなかった。一人で考えたものを集団の中で再確認していくことで、「自分」というものを作っていく。

美保さんのようなタイプでは、「自分」を考えるためには、周りの目を忘れて考えることのできる時間、一人でいる時間が必要となる。

(4) 自己表現すること

筆者とのカウンセリングの中では、あまり言葉で多くを語ることは少なく、コラージュを作ることを好んでいた。出来上がったコラージュにタイトルをつけるのが美保さんのスタイルであった。カウンセリングの初期は、人の顔をたくさん貼り付けるコラージュが多く、美保さんが人の目を必要以上に意識していることが表現されていた。カウンセリングが進むにつれ、美保さんの中のファンタジーが表現されるようになっていた。言葉では表現できない気持ちを、コラージュによって表現できたようである。

美保さんには「自分の思ったことを話すと嫌われるから、みんなに合わせないといけない」との思いがあり、カウンセリングの場であっても、自分の気持ちを言葉で表現することに抵抗があったと思われる。しかし、コラージュという表現方法によって、自分の気持ちを表現し、出来上がったコラージュを客観的に見ることができた。自分の思いを客観的に見つめることで、わけのわからない不安と向き合うことができ、新しい行動への一歩へとつながったようである。

一般にカウンセリングでは、クライエントが理解された気持ちを持つことが必要と言われているが、思春期の女子を対象にしたカウンセリングでは、本人が「自分の思いを表現できた」という実感を持つことが回復につながると筆者は思っている。その表現方法は、芸術的な表現に限らず、何でもかまわない。ただ、本人の表現を否定せず、受けとめ、一緒に客観的に眺めようとする姿勢が必要であろう。

(5) 児童期の充実

ここで、不登校になる以前の美保さんの様子について考えてみたい。母親からの聞き取りによると、「乳幼児期から手のかからないよい子」であったようである。小学校でも問題なく過ごすことができていた。しかし、美保さん自身に小学校時代の思い出を聞くと、印象に残ったものがないのか、何種類かのおけいごとに忙しかった話が中心であった。友だちとのやり取りや学校での行事が、いきいきと語られることはなかった。

このことを考えると、思春期の前段階である児童期の過ごし方も、自己形成にとって重要な要素となりうる。児童期に同世代の友だちとのかかわりの中で、さまざまなことが可能になる。親や教師などの周りの大人にたいして、秘密を持てるようになるのも、友だちとのかかわりがあってこそである。一人では抱えることのできない秘密でも、友だちと共有することで、大人の支えなく秘密を持つことができる。また、友だちとのかかわりがあるからこそ、大人の言うとおりではなく、自分の思いを通すことができるようになるである。「友だちと約束したから」という理由で、大人の言うことを聞かなくなっていくのである。

さらには、自分の存在と同じぐらい大切に思える他者の存在に気がつけるのも、友だちとのかかわりの中からである。今までは、周りの大人たちに守られて存在していた自分が、自分と同じ立場で大切に思える存在に出会うことができるのである。

これらのことは、児童期から思春期にかけて育ってくる能力である。これらの能力のスタートは児童期にあるのである。豊かな児童期を過ごすことが、思春期の自己形成のスタートである。

（田中詔子・渡邉寛子）

引用・参考文献

青木省三　2004　「思春期の入り口で気をつけたいこと」『児童心理』第57巻第3号　36-42p.

ベネッセ教育総研　2001　『モノグラフ・中学生の世界』第70巻

河地和子　2003　『自信力はどう育つか』朝日新聞社

警視庁ホームページ　『携帯電話と非行の関係』（http://www.keishicho.metro.tokyo.jp/toukei/keitai.htm）

倉地詔子・飯塚幹夫　2004　「中学生における不登校の心理相談の研究」『鳥取大学教育地域科学部教育実践総合センター研究年報』第13号　93-97p.

長野県立短期大学心理学ゼミナール　1988　『青年期における「目立ちたいけど目立ちたくない心理」とその形成について』長野県立短期大学心理学研究室

梨木香歩　2003　『西の魔女が死んだ』新潮文庫

NHK「14歳・心の風景」プロジェクト　2001　『14歳・心の風景』日本放送出版協会

岡崎　勝（編）2003『おそい・はやい・ひくい・たかい』第18号　ジャパンマシニスト

心理科学研究会　1979　『教育心理学試論』三和書房

心理科学研究会　1988　『かたりあう青年心理学』青木書店

都筑　学　2004　「思春期の子どもの生活現実と彼らが抱えている発達的困難さ」『心理科学』第24巻第2号　14-30p.

第8章　思春期をむかえた発達障害児における自己の発達と障害

1　はじめに

おそらく読者の多くがそうであったように、筆者も身長が大きくのびる成長期を体験しました。中学生のときに、一年間に身長が一二センチ伸びたことをよく覚えています。自分の身体が大きくなっていることを体験するのは、身体的にはもちろん精神的にも、自分自身が日々変化していくことを感じずにはおれず、嬉しさやとまどいが入り混じった不思議な感覚であったことを思い出します。

では、障害のある子どもたちは、この身体的・精神的に急変する思春期をどのように経験するのでしょうか。本章では、思春期をむかえた障害児の自己の発達や障害、そしてその支援について考えます。なお、障害児といっても、その障害の種類や程度によって、自己の特徴には差異があることが予想されます。例えば、生後すぐに障害が判明するダウン症の子どもと、生後すぐには障害がわからない学習障害*の子どもとでは、自己の特徴には大きな違いがあるでしょう。また、同じ自閉症*の子どもでも、話し言葉のないような知的に重度の自閉症の子どもと、知的に遅れのない高機能自閉症*の子どもとでは、自己発達の

学習障害
全般的な知的発達に遅れはないが、聞く・話す・読む・書く・計算するなど学習にかかわる特定の能力の習得と使用に著しい困難を示す障害をさす。

自閉症
社会性の発達に困難をもつ障害。生後三年以内に以下の三つすべての兆候が見られれば自閉症という診断が出される。一つは視線があわないなどの社会的相互作用の障害、二つはオウム返しなど言語・非言語性の障害、三つはこだわりに見られるような興味・関心の著しい限局である。

高機能自閉症
自閉症の診断基準を満たし、かつ知的発達に遅れの見られない障害をさす。ただし、IQ（知能指数）が85以上の者のみを対象とするか、それともIQを70以上までの者をも含めるかなど、知的発達の遅れの程度については一致していない。

様相にも違いがあるでしょう。そこで、本章では、紙幅の関係上、知的障害や高機能自閉症などの発達障害のある子どもたちに対象を絞り、そのうえで、知的に重度の遅れのある子どもと、知的にはそれほど遅れのない子どもとにわけて、それぞれの自己の発達について考えていきたいと思います。

2 障害児にとっての思春期

障害児にとっての思春期は、健常児と同じ意味をもつのだろうか。それとも、まったく異なる意味をもつのだろうか。健常児と共通する部分として、生理的な変化があげられる。身体的な成長や、生理の開始、精通などに代表される第二次性徴は、障害児も健常児と同じような年齢で見られるとされる［白石，2000／渡部，1998］。

しかし一方で、この第二次性徴の受け止め方については、健常児と異なる特徴があるのも事実である。特に知的障害児ついては、この第二次性徴を受け止めることに健常児以上に苦慮する場合が考えられる。例えば、健常児は、冒頭に挙げたような身長が急に伸びるという変化を、とまどいとともに、しかしそれだけでなく、学校の授業などで「この時期によくあること」と学び、知的な理解と共に受け止めていくことができる。しかし、知的障害がある場合、特に重度の知的障害がある場合には、知的な部分で自己の急激な変化を受け止めることができない可能性が高い。また、思春期に見られる急激な生理的変化をきっかけに行動障害が目立ってくることもよく指摘されている。特に自閉症児の場合、「思春期パニック」「青年期パニック」と称されるように、一旦落ち着きはじめた行動からは比較にならないくらいほど行動が激しくなってくる場合がある［黒田・別府、1998］。筆者の知る自閉症の青年は、思春期頃から、親に対して攻撃的な行動が見られはじめたために、一時期は、保護者の家庭生活が困難になるほどの荒れが見られた。

思春期は、健常児においても「危機」の時期であると言われる［ヴィゴツキー、1984／2002］。このことは、障害児においても当てはまる。ただそれだけでなく、障害児においては、前に述べたような知的発達の遅れからくる思春期の受けとめにくさが、一層の「危機」、いわば「二重の危機」として位置づく可能性がある。

3　障害をもつがゆえの自己発達の困難さ・重要さ

ここでは障害児の思春期における自己発達について検討する。まず、考えられるのは、思春期に見られる自己発達の困難さである。それは、思春期が二重の危機を持つということを念頭におけば、比較的容易に想像される。具体的には、以下の三つの水準での自己発達の困難さが考えられる。

一つは、知的発達が健常児より遅れることによる自己発達の困難さである。第二次性徴という身体的な変化を、知的なレベルで理解することが難しいがゆえに、自己の発達的変化に対して何らかの困難を及ぼすことが考えられる。例えば、第二次性徴を迎え、喉仏がでてきた自閉症児が、自身では理解できない変化に戸惑い、自分の喉仏を何度も叩くという自傷行為をおこした事例が報告されている［別府、2001］。

二つは、他者との関係の中で見られる自己発達の困難さである。高機能自閉症児においては、思春期に入るころから、他者との比較を通して、自己の異質性を確認しはじめる［内山・江場、2004］。彼ら・彼女らは、自分は他者と比べるとどこか普通ではないことに気づき始め、また、それに加えて他者からの評価が低かったり、いじめを受けやすいことを理解しはじめる。その結果、自分自身に対する信頼感を失い、独特の自己発達の特徴を示し始める。「自分は名前がおかしく、誕生日もだめだ」といって偽名を使ったり、うその誕生日を伝えるなど自己の同一性に混乱を示す事例も報告されている［杉山、2000］。そしてこのような自己発達の困難さが、不登校やいじめなどの現象にもつながっていると推測される。実際、広汎性発達障害におけるいじめや不登校の頻度は高いことが報告されている［漆畑・加藤、2003］。また、通常学級に在籍することが多い学習障害やＡＤＨＤ*などの軽度発達障害児においても、健常児と意図的・無意図的に比較される場面が多いことは容易に想像される。そして、実際、学習障害児の自己概念は健常児に比べると相対的に低いことが実証的な研究からも指摘されている［Kawanishi & Takahashi, 2005］。

三つは、現在の日本の社会制度に起因する自己発達の困難さである。その典型的な例として、進路問題があげられる。障害児も、その多くが就労を希望している。しかし、その就職状況はきわめて厳しい。尾崎［2003］によれば、養護学校高等部の卒業者における就職率は、二〇〇一年度において23.7％であり、これは八年前に比べて10％近くも減少している。このことは障害者が不況の影響を受けやすいことを示唆している。そして、その結

ＡＤＨＤ
年齢あるいは発達に不釣り合いな注意力、および／又は衝動性、多動性を特徴とする行動の障害。小学校入学以前に、このような行動特徴が現れるとされる。

果、実際に就労する能力があるにもかかわらず、在宅を余儀なくされるケースも多く見られ、彼ら・彼女らの自己イメージが否定的に形成されてしまうことは容易に予想される。

以上のように思春期をむかえた障害児は、さまざまなレベルで健常児以上に自己発達の困難さを示すことがわかる。ただ、この「二重の危機」は、その一方で積極的な面を持つことも考えられる。ヴィゴツキー［1984／2002］は、危機の時期に見られる否定的・退行的な現象は、それ自身が人格の積極的な発達につながるものと主張している。例えば三歳ころは、「反抗期」と呼ばれるように、他者の指示に反抗したり強情であったり、わがままな姿が目立ち、危機的な年齢であるとされる。しかし、その危機の裏に、ヴィゴツキー［1984／2002］は、人格の新しい特徴が発生する重要な時期だと主張する。具体的には、周囲の状況から自由になるような新しい質をもった人格が発生するとしている。

このような主張を踏まえれば、障害児における自己発達の困難さのなかにも、自己の質的な転換が隠されている可能性がある。そこでここからは、知的に重度の障害児と軽度の障害児それぞれに分けて、自己発達の特徴とその支援のあり方について詳しく考えていく。

4　思春期をむかえた重度知的障害児における自己の発達と障害

(1)　重度知的障害児における自己発達の概略

思春期をむかえた重度知的障害児の自己発達について述べる前に、まず重度知的障害児における自己の発達についての概略を説明する。そうすることで、より思春期の意味が明確になると思われるからである。なお、ここでいう重度知的障害とは、話し言葉だけでのコミュニケーションが困難な、発達的におおよそ三歳未満の知的障害をさすこととする。

話し言葉を持たないような障害児において、最初に考慮にいれておかなければならないのは、自己の成立そのものが自明なものではないということである。そのため、まずは自己の成立過程そのものを検討する必要がある。健常児や軽度発達障害児の場合、彼ら・彼女らに「自己」が備わっているのは明白なことだと言える。すなわち、「自分のことについて考える」といった再帰的な自己意識が明白にあり、そのことが自己発達を支える基礎になっている。しかし、話し言葉を持たないような重度知的障害児の場合、このような「自己」が自明のものとは言いきれない。もちろん、ナイサー［Neisser, 1988］が指摘しているように、生後すぐから外界の物と自己との関係を理解するような生態学的自己（ecological self）や、同じく、生後すぐから他者と自己との関係を理解するような対人的自己（interpersonal self）といった質の自己は重度知的障害児にも備わっていると考えられる。

しかし、ここで問題にするのは、行為主体としての自己感［赤木、2005］である。行為主体としての自己感とは、具体的には、積み木を積み上げたときの「自分がやったんだ！」という達成感に典型的に見られるように、自己の行為が自分の意図のもとにあると理解することを指す。岩田［1998］の言葉を借りれば、行為者としての自己を意識化していくこととも言えるだろう。

このような行為主体としての自己感をここで取り上げるのは、次のような理由による。

それは、自分の行為が自己の意図のもとでなされると認識することが、さらなる活動を起こす重要な原動力となると考えられるからである。

では、このような行為主体としての自己感は、発達的にいつ頃から見られるようになるのだろうか。これまでの先行研究の結果では、健常児の場合、一歳半以降にこのような行為主体としての自己感が強まると言われている。具体的には、一歳半以降に、「○○チャンが！」と自分の名前を言って、自己が行為主体であることを強く主張しはじめたり［神田、1997］、自己の行為に大人が援助しようとすると嫌がる行動を示し始めること［Kagan, 1982］、他者が積み木を積み上げたときよりも自分が積み木を積み上げたときにより達成感を示すこと［Bullock & Lutkenhaus, 1990］などの事実が確かめられている。

そして、このような変化は、健常児だけではなく、障害児においても見られることが確かめられている。例えば、白石［1998］は、成人期を迎えた知的障害者が、自我の誕生［田中・田中、1982］といわれる「一歳半のふし」を越えると、労働に対しても達成感を強く感じ、さらに「もっとがんばろう」と意欲的に働く姿が見られるようになることを報告している。

以上より、重度知的障害児においては、発達的に一歳半を境に行為主体としての自己感が生起していくことがわかる。

(2) 思春期の重度知的障害児における自己発達

思春期を迎えた重度知的障害児における自己形成の大きな特徴の一つは、これまで説明してきた、「一歳半のふし」といった発達の影響を一義的に受けずとも、この行為主体としての自己の発達が見られるということである。これまでの先行研究の多くは、知的障害のある子どもたちの自己発達に関して、発達の要因が大きいことを指摘してきた。例えば、前節でとりあげたように発達的に一歳半を超えると多くの障害児では、自己発達に質的な転換が見られることが主張されていた［白石、1994］。

確かに、障害児の自我発達において発達の影響が大きいことは無視できない。しかし、それだけでなく、思春期という時期が障害児の自我発達に何らかの影響が与えることが、実践研究のなかから明らかになってきており、障害児の自己形成を考えるうえで注目に値すると思われる。特に実践的には、知的に重度の遅れのある子どもたちにおいても、思春期をむかえると「自分で〜したい」「自分が〜するんだ」といった行為主体としての自己感が見られることが確かめられている。例えば、森下［1993］は、思春期に入って、大人が「歯をみがき」などと声をかけると、怒り出した重度の知的障害のある自閉症児の事例を紹介している。その子どもは、他にも似たような場面で怒ることがあり、これら一連の行動を見るなかで、森下［1993］は、この子どもなりに、「今自分がやろうとしていた」という意志を表現していたのではないかと推測している。また、杉山［1998］も、他者からの「〇〇しなさい」といった指示に対して、すべてパニックで反応する知的障害のある自閉症青年の事例を挙げ、その根底には、自分の意志で判断したいという自我の芽生えがあるのではないかと指摘している。これらの事例に見られるように、思春期・青年期になって他者に依存していたり他者と一体化していた行動から、「自立」とも呼べるような誇りやプライドがでてきたことが見受けられる。

(3) 自己の発達にある背景

では、なぜ思春期に入って、通常の発達段階に一義的に左右されずに自己の発達、特に行為主体としての自己の発達が見られるのだろうか。このような変化が見られる理由については、研究・実践ともに不足しているため［黒田・別府，1998］、明らかになっているわけではない。特に、心理学的な立場からこの時期の自己発達について実証的に扱った研究はほとんどないのが現状である。このような制限のなかではあるが、筆者なりにその理由を二つあげる。

一つ目の理由は、思春期における急激な身体的・生理的な変化がその自我の発達の契機になりうる可能性である。この点に関しては、すでに二〇年以上前に、思春期を迎えた障害児においては、通常の発達段階では還元できないことがあり、その一因に身体的・生理的成熟があるという指摘［田中・藤本，1980］がなされていた。実際、知的障害のある自閉症の児をもつ親である森［1983］は、息子が思春期を迎えた際に、「身体の中が火事になったようだ」と言ったことを報告している。このような身体的な変化が、否応にも自己をみつめなおす契機になり、そして、矛盾を抱えながらも新たな自己を創り出していくことにつながると考えられる。

二つ目に考えられるのは、周囲のかかわりや環境が知的障害児の自我の発達を促すということである。茂木［2005］が指摘しているように、障害児が思春期をむかえると、大人がかかわりの質を変えていくことが増えてくる。例えば、「もう大人なのだから……」「もうお兄ちゃんになったのだから……」という態度で子どもに接するようになる。その結果、これまでは許されていた母親への甘えなどが制限されるようになったり、一人で学校へ通学する機会が増えることなどが見られるようになる。また、思春期になると、幼児期とは異なり保護者や教師とは少し距離を置いた空間・時間を持つようにもなる。障害児学童や、長期休暇中に保護者と離れてボランティアとキャンプをする機会が増えてくるのが、その良い例だろう。このような他者からのかかわりの変化や、空間・時間的な環境の変化が、子ども自身にとって、大人の意図から自由になり自分の意図を形成する貴重な契機になると思われる。

(4) 重度知的障害児に対する自己発達への支援

以上の重度知的障害児の特徴を踏まえ、彼ら・彼女らの自己発達を支援するにあたって留意すべき支援のあり方を二点あげる。

一つは、行為主体としての自己感を高めていくようなかかわりをこころがけることである。重度知的障害児の場合、自己の行為が自己の意図のものであると意識することは自発的には容易でない場合がある。そのため、こちらが彼ら・彼女らの行為主体としての自己感を高めるようなかかわりが求められる。具体的には、彼ら・彼女らの行為に対して、「～だったんだね」などと行動を意識化できるような声かけ・意味づけを行っていくことや、学校の中での持ち物などに対し、自分だけのマークをつけて、自己の所有意識を高めるなかで、行為主体としての自己感を高めていくことなどが考えられる。

二つは、思春期にふさわしい文化を教育のなかで手渡すように組織することが、彼ら・彼女らの自己発達に良好な影響を与える可能性を念頭において実践をすすめるということである。例えば、障害のある思春期の子どものなかには、健常幼児が喜ぶような音楽や絵本が好きな場合がある。それは、発達的な問題を考慮に入れれば、比較的妥当なことであるかもしれない。ただ、その一方で、思春期らしい音楽——例えば、アイドルなどの音楽——や本などについても、提供することが必要になるだろう。なぜなら、これまで述べてきたように、子どもの自己の発達は決して生理的・身体的な変化のみに規定されるものではなく、周囲の働きかけや環境によって左右されるからである。そう考えるなら、思春期にふさわしい文化を提供する教師・保護者のまなざしが、子ども自身が自己の変化を見つめる契機になることが考えられる。

5 軽度知的障害および高機能自閉症など軽度発達障害における自己の発達と障害

ここでは、軽度の知的障害児や、知的障害をともなわない高機能自閉症児など軽度発達障害の子どもを対象にして、自己の発達と障害について説明する。なお、軽度の知的障害とは具体的には小学校高学年から中学生の時点で知的発達レベルが五、六歳から九、一〇歳程度までをさすこととする。

軽度発達障害児が思春期をむかえる際の自己の特徴を考える前提として、通常の自己発達の特徴について説明する。特に、発達の質的な転換期といわれる五、六歳、および九、一〇歳の時期に注目する。その後、思春期をむかえた軽度発達障害児の自己発達の支援のあり方についての説明を行う。

(1) 五、六歳における自己発達の特徴

通常の五、六歳における自己の特徴として、「自己形成視」[田中、田中、1988] が可能になるということがあげられる。自己形成視とは、客体としての自己を現実の世界でとらえはじめる能力とされる [田中・田中、1988]。

自己形成視の具体的な表れの一つとして、自分の変化を時間軸の中でとらえられるようになることがあげられる。例えば、服部 [2000] は、「○○ちゃんは赤ちゃんのときからどんな風に変わってきたの」という質問を行うと、三歳児は「○○ちゃんはもう赤ちゃんじゃないで」と答えるのに対し、五歳児は、「赤ちゃんのときはなんにもできなかったけど、なんでもできるようになった」といったエピソードを報告している。このエピソードから、五歳児は時間軸の中で自己の変化をとらえられるようになってきていることがわかる。また筆者の観察例でも同様の例が観察されている。五歳児の男児A君に対して発達検査を行っていた際、A君は難しい課題をできたときに「僕、これができるようになってんで」と自分自身の変化を実感しながら喜ぶ姿が見られた。実は、前回もこの課題は正答していたのだが、難しい課題ができたために、自分の成長を実感したと考えられる。このよ

うに自分自身の変化を実感できるようになり、まただからこそ、未来への展望も現実的なものになってくる。

自己形成視のもう一つの具体的な表れは、自己を多面的に評価していくことが可能になることである。五、六歳の発達的な特徴を知る課題に、三方向からの人物画課題というものがある［田中・田中、1988］。この課題は、本人の絵を描いてもらう際、「前から見た自分の絵」、「横から見た自分の絵」「後ろから見た自分の絵」をそれぞれ描いてもらうというものである。四歳頃においては、三方向とも同じ前から見た絵になってしまう。しかし、五歳半ばを超えると、前や横、後ろを描き分けることができるようになっていく。

五歳半ばから三方向の絵を描き分けることができる理由として、視点を自分の外に移す力が形成されているからであると指摘されている［白石、1997］。確かに、自分中心の視点だけであれば、前から見た自分しか描くことができない。自分以外、すなわち他者の視点から自己を見つめることができてはじめて、この課題を達成することができると思われる。

この三方向からの人物画課題に典型的に見られるように五、六歳の子どもは、他者から見られた自己の存在を意識するようになっていく。例えば、白石［1997］は、自分を他者の視点で見ることができるようになってきたことで、リズムやお絵かきなど日々の活動を他者と比較し、そのため、かえって活動にぎごちなさが生まれるような様子が見られることを報告している。

このように、五、六歳は、自己を時間の流れのなかで、そして、他者との比較のなかで、ある程度現実的に把握できるようになる時期といえる。

(2) 九、一〇歳における自己発達の特徴

古くから「九、一〇歳の壁」と称されてきたように、九歳、一〇歳という年齢は、発達の重要な質的転換期として指摘されてきた。特に、聴覚障害児を対象とした実践から、この時期の重要性が指摘されてきた。なぜなら、知的発達に障害を受けていないと思われる聴覚障害の子どもたちのなかに、通常の発達でいう九、一〇歳の知的発達をこえにくい子どもたち存在することが指摘されてきたからである［日下、1989／岡本、1986］。

このように重要だとされる九、一〇歳の時期における自己発達の重要な特徴の一つに自己を客観的にとらえることがあげられる［白石、1998］。「大きくなったら何になりたい？」といった質問に対しては、五、六歳の子どもであっても、「野球選手になりたい」「ウルトラマンになりたい」など将来に対する自分の思いを答えることができる。しかし、その一方で、「じゃあ、野球選手になろうと思ったらどうすればいい？」とたずねると、その具体的な設計まではできていないことも多く、また、その職業に適性があるかといったことは考えることができない。しかし、九歳や一〇歳ころになると、将来的な希望を語るだけでなく、その希望をかなえるためにはどのように頑張ればいいのか、そしてそもそもその希望をもつことができるだけの適性はあるのか、といったことを考慮に入れることができはじめる。例えば、筆者が出会った九歳になる子どもは、「大人になったらどんな仕事してみたい？」と尋ねられると、「僕は人と話すのがあまり上手じゃないけど、物を作るの

が好きだから、ロボットを作ったり、車のエンジンを作るような仕事がしたい。だから、算数とか勉強せなあかんと思う。」と語ったことがある。

このように九、一〇歳という年齢は、自己の能力や性格などについての客観的な評価と、それにともなう現実的な希望を持ちはじめる時期であると言える。

(3) 軽度発達障害における自己発達

発達的に五、六歳および、九、一〇歳ころの自己発達に共通する特徴として、それまでには見られなかった自己への客観的な理解の深まりをあげることができた。では、この時期にある軽度発達障害の子どもたちは、どのような自己発達の様相を示すのだろうか。

思春期をむかえた軽度発達障害児の自己発達におけるもっとも特徴的なことの一つに、自己の障害への気づきをあげることができる。先にも見たように、発達的に五、六歳を超えてくると、程度の差こそあれ、自己を客観的に見ることができはじめる。それは、「自分は算数が得意」といった能力への自覚であったり、「自分はすぐに怒ってしまう」といった自身の性格への自覚であったりする。ただ、障害のある子どもの場合においては、このような能力や性格だけでなく、自分の障害を認識するようになる。そして、その結果として、健常児との差異を自覚するようになる。このことは、さまざまな障害を持つ子どもの姿から確かめられている。

例えば、加藤［1987］は、脳性まひの子どもにおける自己の障害の認識について取り上げている。脳性まひの子どもは、九歳以前においては、自他の違いには気づきつつも、「宇宙飛行士になりたい」などの希望を語る。しかし、九歳、一〇歳を超えてくると、自分の障害特徴——身体にまひがあり、それは今後も継続すること——を自覚する。そのため、これまでのような希望は語られなくなり、代わりに、自分は一生体が不自由なままであるかもしれないと悩み、結果として将来の希望において「何もない」という発言を行うようになる。

このような障害への気づきは、知的障害児や高機能自閉症児においても見られる。例えば、小島・池田［2004］は、知的障害者二四名に対して、「○○さんは自分のどんなところが好きですか?」「○○さんは自分のどんなところが嫌いですか?」といった質問を実施している。その結果、精神年齢が六〜七歳代の者に比べ、精神年齢が八歳代以上の者になると、「嫌いなところ」の回答が多くなったという。生活年齢が一六歳〜四五歳の知的障害者を対象にしている研究であるため、知的障害児にも同様の事実が見られるかは検討する余地がある。しかし、いずれにせよ精神年齢があがると、自己の客観的な側面が理解するために、否定的な評価が見られることは確かであると言えるだろう。

また、高機能自閉症児においても、このような自己の特徴が見られる。高機能自閉症児の場合、生活年齢が九〜一〇歳以降になると、自閉症児には相対的に困難であるとされる「心の理論*」を獲得するようになると言われる［杉山、2000］。「心の理論」が獲得されるということは、他者の心的内容の理解が進んだり、自己と他者の視点の差異に気づくようになることを意味する。このことは、結果として、社会的ルールの理解につながるなど、肯定的な側面をもたらす。しかし、自己発達という視点から考えた場合、このような肯定

心の理論
自己および他者の行動から、目的や意図、知識、信念などの心的状態を推論する能力。通常の場合、四歳頃から「心の理論」が獲得される。一方、対人関係に障害をもつ自閉症児の場合、この「心の理論」の獲得が顕著に遅れるとされる。

的な面だけではないことが報告されている。杉山［2000］は、「心の理論」を獲得することによって、他者が自分に対して否定的な評価をしていることや、また、自分がいじめられていることなどを理解するようになり、その結果、自己同一性の障害が起きることなどを指摘している。つまり、自分と他人は違うということがわかり、かつ、否定的な評価を受けているというところまでは理解するのだが、では、その自他の差異をどのように埋めていけるのかということについては、自閉症特有の対人関係の障害により、「ズレた」対応になることが多い。具体的には、自分は名前がおかしいので、名前を変えれば他者と同じような存在になれるといって名前を変更しようとするなどのエピソードが報告されている［杉山、2000］。

以上のように、障害によって、自己の特異性の現れ方はさまざまだが、いずれにせよ、自己の障害を認識し、それゆえにさまざまな問題が起こりやすいという点では共通していると言えるだろう。

(4) 軽度発達障害児に対する自己発達への支援

具体的な支援の手だてを考えるまえに、障害を告知するべきかどうかということについて検討する必要がある。なぜなら、自己の発達支援を行う際に、避けて通れない問題であるからである。ひとつの実践の可能性として、障害の存在については触れずに自己発達への支援を行うことも考えられる。確かに、子どもにとって自己の障害を認識することは決して楽しいことではないだろう。むしろ、自分の障害を認識することは、自分のできなさを自覚することにもつながり、否定的な自己像を形成してしまう恐れがある。しかし、現実的には、子ども自身がいずれ障害について自覚する可能性は高い。そして、日々の生活を行ううえでも、自身の障害を好む好まざるにかかわらず意識することも考えられる。そう考えると、障害の認識について避けるのではなく、障害の認識を含みこんだ自己発達への支援が求められると言える。

この点についいては、長年、教員として思春期・青年期の障害児教育に携わっている永野［1994］の主張が参考になる。永野［1994］は、思春期を迎えた知的障害の子どもたちが、これまでいじめを受けたり、授業についていけないなどつらい思いを多く経験していることに注目し、学校生活における思春期の自分づくりを重視している。具体的には、「さまざまなつらいことがあったけど、もう大丈夫、自分はこんなに力強く成長したし、人を信頼できるようになったよ（61p.）」と子どもたちが自覚できるように授業のねらいを設定している。

このような目標を達成するための支援として、ここでは、二点指摘しておく。一点目は、軽度発達障害児が、自己の成長を実感し、そして、その中で未来についての自分のあり方を探れるような支援を大事にするということである。五、六歳の自己発達の特徴でも触れたように、思春期にある軽度発達障害児であれば、自己を時間軸でとらえることができるようになっていく。このような発達的な特徴を前提として、自分の良さや成長を実感できるようになることが、この時期の自己形成を考える上では重要であると思われる。そして、良き自分を実感できれば、これからの自分にも肯定的な感覚を持てるようになるのではないだろうか。このような立場からの具体例として、先ほどあげた永野［1994］の実践があげられる。永野［1994］は、「生い立ちの記」という実践の中で、自分たちの成長やよさを振り返るような授業を展開している。

二点目は、同じ障害を持つ仲間との出会いを保障するということである。別府［2004］は、高機能自閉症児の姿を通して、同じ障害のある仲間集団を保障することが自己発達に肯定的な影響を与えることを指摘している。高機能自閉症児の場合、その社会性の障害ゆえに、社会的なルールを逸脱したり、他者への配慮のない言動を多くしてしまいがちである。そのため、まわりの健常児からいじめやからかいを受けやすくなる。そんなときに、自分の感覚を理解してくれる仲間・集団があることで、自分の感覚は、自分以外の他者にも共有されているところがあるという経験を通して、自己の異質性を受け止める力がつくと考えられる。また、同じ障害のある集団が自己発達に肯定的な影響を与えることは、高機能自閉症だけではない。養護学校を卒業して就職した知的障害のある青年たちが、青年学級*とよばれる同窓会を組織しお互いの悩みや喜びを共有しながら、社会で働いている姿からも、その意義が確認される。

青年学級
学校卒業後の障害青年が集まり、学習や余暇活動を行う自主的な交流の場。障害児学校の同窓会から発展したものや、保護者が中心となって運営しているものなど、形態はさまざまである。

6　おわりに――自分が生まれたことに喜びがもてる支援を――

この論を終えるにあたって、二〇〇五年四月二三日に放映されたＮＨＫの番組「ＥＴＶワイド　できない子って言わないで――発達障害の子どもたち――」に出演していた発達障害のある少女の口頭詩をとりあげる。その少女は、家族との話の中で、祖母から父が生まれてきたこと、そして、父と母の間に自分が生まれてきたことを知る。そして、次のように言葉をつむぐ。

「おばあちゃん　もしかして　おとうさんは　おばあちゃんから生まれたの　ありがとね」

この「ありがとね」の裏には、自分自身が生まれてきてありがとうという意味がこめられているそうである。祖母・父の生命をうけつぐ形で、自分の生命があることに、おそらくうれしさや感謝の気持ちを感じたのだろう。

障害のある子どもの自己発達には、さまざまな困難がある。しかし、その困難に目をむけるだけではなく、この少女のように、自分がこの世に生まれてよかったという確信ともいえる感覚を、どんな障害のある子どもにも持ってもらいたいと思うし、そのような支援が求められるのだと思う。

（赤木和重）

引用・参考文献

赤木和重　2005　「重度知的障害者の自己発達をとらえる視点：行為主体としての自己感、自他関係の調整に注目して　重度発達障害者のＱＯＬからみた高等部教育と作業所実践の接続に関する

総合的研究」研究代表者　黒田吉孝『文部省科学研究成果報告書』104-110p.
別府　哲　1989　「5―6歳」　荒木穂積・白石正久（編）『発達診断と障害児教育』　青木書店　175-205p.
別府　哲　2001　「自閉症児の内面と問題行動」杉山登志郎・別府　哲・白石正久・茂木俊彦・荒木穂積『自閉症児の発達と指導』全障研出版部　43-77p.
別府　哲　2004　「高機能自閉症・アスペルガー症候群の子どもの内面をさぐる：感覚の過敏さと基準の独自性」『みんなのねがい』第449号　26-29p.
Выготский Д.С.　1984　*Собрание сочинений*, Педагогика. Москва（柴田義松・宮坂琇子・土井捷三・神谷栄司（訳）　2002　『新児童心理学講義』　新読書社）
Bullock, M. & Lutkenhaus, P.　1990　Who am I?: Self-understanding in toddlers. ***Merrill-Palmer Quarterly***, 36, 217-238.
服部敬子　2000　「5、6歳児」心理科学研究会（編）『育ちあう乳幼児心理学：21世紀に保育実践とともに歩む』有斐閣
岩田純一　1998　『〈わたし〉の世界の成り立ち』金子書房
Kagan, J.　1982　The second year: ***The emergence of self-awareness.*** Harvard University Press.
神田英雄　1997　『0歳から3歳：保育・子育てと発達研究をむすぶ』草土文化
加藤直樹　1987　『少年期の壁をこえる：9、10歳の節を大切に』新日本出版社
Kawanishi, K. & Takahashi, S.　2005　Trends and issues in research on the self-perception of students with learning disabilities: Self-perception problems of students with LD and their relationship with others. ***The Japanese Journal of Special Education***, 42, 531-546.
窪島　務　1993　「学校教育としての自閉症児教育の課題と展望」窪島　務・三科哲治・森下　勇（編）『自閉症児と学校教育』全障研出版部　272-298p.

黒田吉孝・別府 哲　1998　「青年期・成人期自閉症の発達保障」『障害者問題研究』第26号　204-212p.
日下正一　1989　「『九・十歳の壁』論と発達心理学的課題」『長野県短期大学紀要』第44号　95-104p.
小島道生・池田由紀江　2004　「知的障害者の自己理解に関する研究：自己叙述に基づく測定の試み」『特殊教育学研究』第42号　215-224p.
茂木俊彦　2005　「能力発達と人格発達の時間的ズレ：そこにある矛盾と発達的契機」『みんなのねがい』第455号　32-35p.
森下 勇　1993　「自閉性障害児に対する教育実践の到達点」窪島 務・三科哲治・森下 勇（編）『自閉症児と学校教育』　全国障害者問題研究会出版部　16-36p.
永野祐子　1994　「思春期の自分づくり」永野祐子・森下芳郎・渡部昭男（共著）『障害児の思春期・青年期教育』旬報社　15-91p.
Neisser, U.　1988　Five kinds of self-knowledge. *Philosophical Psychology*, 1, 35-59.
岡本夏木　1986　「9歳の壁」『こころの科学』第7号　14-18p.
尾崎祐三　2003　「卒業後の進路」日本知的障害者福祉連盟（編）『発達障害白書：二〇〇四年版』日本文化科学社　75p.
白石恵理子　1998　「青年・成人期障害者と発達保障」白石恵理子・植田章・さつき福祉会（編）『成人期障害者の発達と生きがい』かもがわ出版　129-208p.
白石恵理子　2000　「障害児の思春期・青年期と発達」船橋秀彦・森下芳郎・渡部昭男（編）『障害児の青年期教育入門』全障研出版部　31-50p.
白石正久　1997　『発達の扉』下巻　かもがわ出版
杉山登志郎　1998　「自閉症：青年期、成人期」花田雅憲・山崎晃資（編）『臨床精神医学講座11・児童期青年期障害』中山書店　87-114p.
杉山登志郎　2000　『発達障害の豊かな世界』日本評論社

田中昌人・藤本文朗　1980　「第13回大会全障研大会の成果と課題」『みんなのねがい』第126（臨時増刊）号　84-85p.

田中昌人・田中杉恵　1982　『子どもの発達と診断２：乳児期後半』大月書店

田中昌人・田中杉恵　1988　『子どもの発達と診断５：幼児期Ⅲ』大月書店

内山登紀夫・江場加奈子　2004　「アスペルガー症候群：思春期における症状の変容」『精神科治療学』第19号　1085-1092p.

漆畑輝映・加藤義男　2003　「思春期高機能広汎性発達障害者の学校不適応について」『岩手大学教育学部附属教育実践総合センター研究紀要』第２号　191-201p.

渡部昭男　1998　「思春期・青年期教育の創造」大久保哲夫・清水貞夫（編）『障害児教育学』全障研出版部　225-245p.

終章　現代社会における子どもの自己形成の危機と支援

1　はじめに

本書の目的は、次の二点でした。第一は、思春期の子どもたちの生活や発達について心理学的に検討し、彼らの自己形成の特徴について明らかにすることです。第二は、現代社会を生きる思春期の子どもたちがかかえやすい発達上の困難さに対する支援について考えることです。本書では、思春期を一〇～一八歳までと幅広くとらえ、各章でこの二点について論じてきました。

小川［1964］が述べたように、子どもの発達は一般性、特殊性、個別性の三つのレベルでとらえられます。一般性とは、発達の普遍的な法則を指します。特殊性とは、社会や歴史のちがいによって異なる姿を示す子どもの発達を指します。個別性とは、一人ひとりの具体的な子どもの発達の様子を指します。

各章の議論を通じて、思春期の子どもの発達の一般性は、身体・精神・社会の側面における過敏さやアンバランスさ、危うさを特徴とすることが明らかになりました。それが思春期における発達的な危機の本質であり、それぞれの子どもの発達にとってピンチにもチャンスにもなるのです。このことは、人生のこの時期の子どもに共通する発達的特質であり、現代を生きる思春期の子どもにも当てはまります。

次の特殊性という点では、どのようなことが言えるでしょうか。本書で検討の対象となった一〇～一八歳の子どもは、今から逆算すると一九八八～一九九六年生まれになります。彼らが生まれ育ってきた時期がどのような時代だったのか、経済、教育、社会の側面から改めて見てみましょう。

彼らが過ごした幼少期は、一九九一年のバブル崩壊後の「失われた十年」です。「平成不況」が長く続くなかで、大手金融機関の倒産など、これまで信じてきたものがガラガラと音を立てて崩れるような出来事が多発しました。多くの人々は、先行きの見えない社会に対して、強い不安を感じながら生活していたのでした。そうした時代の空気が子どもたちに与えた影響は、計り知れないものがあったと言えます。

学校教育では、一九八九年の学習指導要領改訂で、「関心・意欲・態度」を学力評価の中心とする「新しい学力観」が打ち出されました。その後の一九九八年改訂の学習指導要領にも、その理念は引き継がれます。「個性」重視のもとで学力格差が容認され、授業・課外活動などのあらゆる機会で「評価」が徹底されました。このような小中高等学校で受けた教育は、彼らの自己形成に対して大きな影響を及ぼしたと考えられます。

一九九〇年代、社会においては、通信・情報分野で急速な変化が見られました。インターネット網の拡大、ブロードバンド化。携帯電話の普及、インターネット接続によるデータ通信の開始。携帯電話の普及は、二〇〇五年末現在で九、六四八万台にも及びます。誰もがさまざまな情報へ容易にアクセスできるようになるとともに、情報交換や入手への心理的依存も高まっています。このような情報化社会の高度化は、子どもたちの生活スタイルを大きく変えるとともに、対人関係や価値観に及ぼした影響も少なくないと言えます。

このように現代を生きる思春期の子どもは、生まれて以降、社会経済的にも、教育的にも大きな変化のなかを過ごしてきたわけです。そこには、子どもの自己形成を阻み、発達的危機をよりいっそう危険な方向に追い込む力が働いていたと考えられます。それは、小川［1964］が指摘した発達の特殊性を顕在化させる要因であると言うことができるでしょう。2節では、発達の特殊性という視点を念頭に置きながら、現代を生きる思春期の子どもの自己形成の特徴について、子どもと大人の境界の消失、商品化の進行、評価的なまなざしの強まりの三点から考察していこうと思います。

発達の一般性も特殊性も、具体的な一人の子どものなかに存在するものです。一般性や特殊性をふまえながら、個別的な子どもの発達を促し、支援していく手だてを考えることが求められます。3節では、発達の個別性という視点を念頭に置きながら、思春期の子どもへの支援の今日的なあり方について、「ことば」のもつ力、生き方の問い直し、見えない世界の可視化の三点から考察していこうと思います。

2　現代における思春期の子どもの自己形成の特徴

(1)　子どもと大人の境界の消失

一九八〇年代の半ばに、子どもと大人との関係について論じた二冊の翻訳本が相次いで出版されました。『子ども時代を失った子どもたち』〔平賀、1984〈Winn, 1983〉〕、『子どもはもういない』〔小柴 1985〈Postman, 1982〉〕というタイトルが象徴的にあらわしているように、著者たちの主張は「古き良き時代の子どもらしい子ども」はこの世の中からいなくなりつつあるというものでした。その原因として、共通して指摘されていたのが、テレビの存在です。テレビの普及によって、それ以前には、大人だけの世界として書物のなかに隠されていたさまざまな秘密が、子どもにも知れ渡るようになったというのです。そのために、子どもは十分な準備の整わないままに大人の世界に入り込むようになり、それがさまざまな発達上の問題を引き起こすことにもつながっていると考えられたのです。

それから二〇年。その傾向は、わが国において、さらに進んできているようです。第2章でも述べられているように、テレビは、リビングで家族といっしょに見るものから、自分の部屋で一人で見るものへ、さらには、ケータイで「いつでもどこでも」見ることができるものへと変わってきました。テレビでは、人々の欲望や不安を煽るような刺激的で、刹那的なメッセージに満ちた番組放送が、早朝から深夜遅くまで数多くオンエアされています。思春期の子どもは、テレビのスイッチを付けるだけで、「大人の世界」をいとも簡単に垣間見ることができるようになっているのです。第7章で紹介されたように、携帯電話の普及によって、思春期の子どもが出会い系サイトなどの「大人の世界」への参入することも容易になっています。遊び半分や興味本位で利用し始めて、事件に巻き込まれるといった悲劇も後を絶ちません。

現代においては、子ども時代から「大人の世界」を知ることができ、ときには、そこに実際に足を踏み入れることさえできるようになっています。ただし、このことは、子どもと大人が全く同じ立場になったということを意味するわけではありません。思春期の子どもは、身体的にも性的にも早期成熟化現象を示し、大人と見間違えるほどの発達を示します。パソコンやケータイなどの情報機器を小さい頃から軽々と操作し、情報を伝達したり入手するなど、知的な面での発達を示します。その一方で、第5章で示されたように、数人から一〇人ぐらいの仲間集団で遊ぶギャングエイジがあまり見られなくなり、家の中での遊びが多くなっているなど、子どもの社会発達をもたらすような遊び文化が衰退してきています。身体や精神の発達は「大人」のようであったとしても、社会発達は「子ども」の段階に止まっているのです。

本来、このような身体・精神・社会の側面のアンバランスは、思春期の子どもにおいては一般的に見られるものです。ただし、現代においては、そのアンバランスが、その平衡を取り戻すのがきわめて困難なほど過度になってしまっているところに問題があるのではないでしょうか。別の言い方をすれば、第1章でも述べているように、現代を生きる思春期の子どもは、それ以前の児童期の発達課題を十分に獲得しないままに思春期を迎え、次の青年期の発達課題も同時に獲得することを求められているのです。このように発達課題達成の時間的ズレを重層的に抱え込んでいるところに、自己形成の現代的な困難さの一つの現れがあると考えられます。

(2) 商品化の進行

第二次世界大戦後、日本の産業構造の中心は、第一次産業（農・林・水産業）から第二次産業（鉱業・工業）へと移っていきます。一九五五〜一九七三年までは、高度経済成長期と呼ばれる時代で、その頃、生活用品や耐久消費財が大量生産・大量消費されるようになりました。「消費は美徳」というかけ声の下に、人々はさまざまな商品を手に入れるようになり、国民の暮らしぶりも豊かになりました。その後、一九七三年のオイルショック後の不況、一九八〇年代後半のバブル経済、一九九一年のバブル崩壊というように、景気の波は上下しますが、消費を尊び、商品を求める人々の意識は底辺では変わらず続いていると言えるでしょう。

現在では、わが国の基幹産業は、第三次産業（商業・運輸通信業・サービス業）になりました。このような産業を通じてやり取りされるのは、工場などで作られた生産物だけに止まりません。あらゆる情報、ノウハウ、さらには、労働者の感情に至るまで、品物の価値を高めるものであれば、どのようなものでも売り買いされます。そういうなかで、テレビで有名人が一つの品物の効能について話をすれば、店頭で品切れになるというような状況が生まれるわけです。

第6章で述べられているように、現代社会とは、あらゆる欲望や不安が商品化され、インターネットを通じて、商品の購買欲求が煽られるような社会なのです。このような社会は、思春期の子どもを消費者として大切に扱ってきました。商品販売の有力なマーケットだからです。大人たちは、消費のターゲットとして子どもに狙いを定め、例えばテレビゲームやカードゲームを作り出してきました。新しいゲーム機やゲームソフト、カードというような商品が次々に販売され、そのたびに、子どもたちの消費欲求を刺激し、肥大化させていきました。そうした商品が世の中に広まるにつれ、こどもたちの生活スタイルが大きく変わり、遊びや仲間関係のありようが変貌してきたのは周知の事実です。

こうした商品化の進行にともない、第7章で紹介されたように、思春期の子どもは、あるときには、「女子中学生」「女子高校生」として、消費を作り出す側に立つことがあります。それも、「女子中学生」「女子高校生」というブランドが、商品としての価値をもっているからに他なりません。すべてのものが商品化される現代社会においては、このように究極的には自分自身も商品として扱われるようになるわけです。自分の個性さえ、大事な商品になります。「自分の売りは～です」という言い方が、その典型です。「自分が高く売れるのは～というところ」というように、商品としての自分のセールスポイントを述べているわけです。

商品化された自己を高く売り込むには、身体・精神・社会の発達をバラバラにとらえ、得意とする部分を全面に押し立て、自分自身のいびつな発達自体には目を背けざるをえません。そうした「自分らしさ」の追求が、本来誰にでもあってしかるべき自分の弱さや欠点を丸ごと否定したり、認めないという態度につながっていくのではないでしょうか。このことは、自分の弱さを含み込んだ自己肯定感を育んでいこうとするときに、その阻害要因となると考えられます。このように、自己の商品化は部分的、断片的な自己の形成につながり、身体・精神・社会の発達全体を包括したような自己形成は困難にならざるをえないのです。

(3) 評価的なまなざしの強まり

不安神経症の発症率は、思春期に入ると高くなると言われています。これは、思春期の子どもが、他者からどのように見られているか、どのように思われているかということに敏感になることと強い関連をもつと考えられます。他者の目に映った自己の姿を意識し過ぎて、それにとらわれて身動きができなくなった状態と喩えられるでしょう。そのために、対人関係の輪のなかに入り込めないという症状を来すことがあります。

こうした事例とは対照的に、日常的な対人関係を保ちながらも、その場における他者の目を過剰に意識し、気づかいするあまりに、身も心も疲れ切ってしまうような子どももいます。このように、学校における友人との関係などの親密圏において、子どもたちが周囲からの評価的なまなざしに苛まれる原因は、一体どこにあるのでしょうか。

子どもたちが日常的に多くの時間を過ごし、その身体・精神・社会の発達に影響を与えている学校教育が、このような評価的なまなざしの形成の大きな要因となっていると考えられます。すでに1節でも述べたように、一九八九年に学習指導要領が改訂され、「知識・理解」から「関心・意欲・態度」を重視する方向に転換されました。この前後の期間を含む、教育制度の変遷については、第4章と6章で詳しく述べられています。この「新学力観」にもとづく学習指導要領が作られたことにより、学校における評価は一変しました。教科学習を含め、学校にかかわるすべての活動において、「関心・意欲・態度」が評価されるようになったのです。元々、「関心・意欲・態度」は子どもの内側にあって、直接は目に見えないものです。それを評価するには、その外的な現れとしての行動をとおして判断するのが一つの方法です。例えば、授業中の挙手の回数で「やる気」の程度を見るというような手だてがとられたりします。そうした状況下では、自分の内面のやる気が、挙手という外面的行動として、教師だけでなく同級生の目にも明らかにされることになります。そのような状況が学校生活のすべてにわたって展開されるのです。それでなくても他者からの視線を気にするようになる思春期の子どもにとって、このような学校体験は、他者の目を二重に意識するきっかけになるにちがいありません。

他者からの評価的なまなざしを絶えず意識することは、息苦しさを生み出します。そこから逃れる一つの手だては、自分を他者に合わせ、考えや行動をまったく同じにするということでしょう。ただし、「赤い髪留めのピンをつけたら、仲間はずれにされた。みんな青だから」と語った、第7章で紹介された女子中学生のように、自己を主張しようとした途端に人間関係の輪から弾き出されてしまう危険性もあるのです。

他者からの目を意識することは、他者を見る自己の目を意識することと対になっています。第5章で述べられた、自己と他者の相違の認識にもとづく人間の多様性への寛容さが十分に育まれていないということが、評価的まなざしへの過度なとらわれと関連していると言えるのではないでしょうか。

このように、絶えず他者の目を過剰に意識せざるをえない状況のもとに置かれた子どもは、評価のアンテナを張り巡らせて自己形成していかなければならないという困難さに直面していると考えられます。

3　思春期の子どもへの支援

(1)「ことば」のもつ力

「ウッソー」「マジスカァ」「カワイイー」「ウザイ」。思春期の子どもは、こうしたコトバを多く使う傾向があります。赤ちゃんを見て「カワイイー」と言い、ぬいぐるみを見て「カワイイー」と言う。対象が異なっても、同じ一言で片づけてしまうというのは、自分の内面にある感情と向き合うことなく、半ば反射的にコトバを口に出しているからではないでしょうか。

本来の「ことば」は、自分を表現し、それを他人に伝えたり、あるいは他人を理解するときに重要な働きを担います。それは、思春期の子どもにおいても同様です。揺れ動く自己をしっかりと受け止めるには、「ことば」を十分に発達させることが必要不可欠だと言えます。それなのに、乳児のような一語文で済ませてしまうとしたら、果たしてどうなのでしょうか。語彙の貧弱さもさることながら、ほとんど思考停止の状態にあるとさえ言えるかもしれません。

未発達なコトバしかもたない思春期の子どもが、ちょっとした外見的な差異にもとづいて、「ウザイ」と言って他者を排除しようとする。それが、いじめにつながっていくかもしれないと考えるのは、やや極端すぎるでしょうか。幼児であればまだしも、思春期の子どもにおいては、自分の気持ちを明確に言語化することが求められてしかるべきだと思います。

第3章で紹介したように、学校へ行くのは、自分をしっかりと理解し、他人とつながっていくための「ことば」を学ぶためです［大江、2001］。「ことば」によって、自己は他者とつながる回路を手に入れることができるのです。

そうは言っても、思春期の子どもの身体・精神・社会の発達の過敏さやアンバランスさ、危うさは、自己の内面を見つめ、それを的確に表現することを困難なものにさせがちです。そんなときに、第6章で述べているように、子どものかかえる葛藤の言語化を手伝ってあげるような大人が周囲にいれば、子どもの成長を支えることにつながるのです。子どもの語る内容をていねいに聴くことが、自己の内面をしっかりと表現する「ことば」を生み出していくのだと考えられます。

第4章で指摘されているように、思春期の子どもが、自己や他者の内面を自ら綴るという行為も、思考や人格の発達を促す役割を果たします。それだけでなく、内面を綴るという穏やかで静かな時間をもつこと自体が、揺れ動く思春期の子どもの心に安定をもたらすとも考えられるのです。

このように「ことば」は、思春期の子どもの自己形成にとって、必要不可欠なものであるのです。思春期の自己と真正面から向き合うことは、ある意味では、とても辛いことかもしれません。ときには、「嫌な自分」や「弱い自分」が、白日の下にさらされることもあるからです。それでも、「ことば」によって、しっかりととらえられた自己は、弱さも強さもともに含んだものとして肯定的に感じ取られていくにちがいありません。

(2) 生き方の問い直し

思春期の子どもが、自己と向き合い、自己の内面を見つめようとすることは、自らの生き方を考えることへとつながっていきます。その際、第1章や7章で述べられているように、ひとりでじっくりと思索したり、ひとりでいる時間を過ごしたりするのは、とても重要なことです。そのようななかで問い続けることで、新たな道筋が見出されることもあると考えられるからです。

それと同時に、自己と他者との関係をとおして、生き方を考えるということも、思春期の子どもにとってはとても貴重な体験となります。その一つは、仲間との関係です。第8章では、高機能自閉症児や知的障害のある青年が、お互いに同じ障害のある仲間集団での活動を通じて、自己を肯定的にとらえられるようになることが紹介されています。もう一つは、親や教師との関係です。第6章では、大人に求められている、子どもとのつながり役（パートナー）と子ども同士のつなぎ役（コーディネーター）という二つについて、詳細に論じられています。

この二つの関係を、第4章で述べられている思春期の子どもの人格発達における縦の糸（時間的展望）と横の糸（人間関係）という枠組みに当てはめてみると、第一義的には、横の糸としての人間関係に位置づけることができます。仲間や大人という多様な人間関係のなかで、思春期の子どもの自己が育まれるわけです。それと同時に、人生の身近なところにいる仲間や、それよりも遠くにいる大人が、自己の生き方を考える上でのモデルになっているとも考えられます。そうした「仲間モデル」や「大人モデル」は、思春期の子どもの人格発達における縦の糸である時間的展望のなかに位置づけられます。このことからわかるように、縦の糸と横の糸が相互に有機的に結びついており、それらが組み合わさったところに、思春期の子どもの自己形成が織りなされていくのです。

それに加えて、縦の糸は、第8章で紹介された発達障害のある少女の口頭詩のように、自分から父、祖母という生命のつながりとして、歴史的な広がりのなかでとらえることが可能だと言えます。横の糸は、第5章で論じられたように、他者への寛容さと自己への寛容さを同時に含み込んだ人間の多様性への寛容という、豊かな関係性のなかでとらえることができるのだと言えます。

このようにして思春期の子どもは、自己の生き方を考え、問い直し、その答えを求めていこうとするわけです。その際に、自己と他者の関係は双方向的であると考えられます。エリクソン［Erikson, 1989］は、乳児を育てる成人のなかに世話という人格的な力が生じ、乳児には希望という人格的な力が育まれるとしました。このように、異なる世代間の関係性を通じて、互いが発達していくと考えられます。思春期の子どもと大人とは、ともに生き方を問い直しながら人生を歩む関係にあるのだと言えるでしょう。

(3) 見えない世界の可視化

思春期の子どもの自己形成は、新たな自己への気づきから始まります。自分の顔を自分の眼で直接見ることができずに鏡をとおして見るように、自己への気づきには他者の存在が欠かせません。第1章で論じられているように、子どもは自己と他者との融合と対立という自らの経験をとおして、自己に気づいていくのです。その際に、他者からの評価的なまなざしが、ときには桎梏となって思春期の子どもに重くのしかかることもあることは、すでに2節でも述べたとおりです。それでも他者は、子どもの自己の形成に寄り添う存在として必要なものなのです。

思春期の子どもにとって、互いに理解し合い、共感できる他者がいることは重要です。彼らは、同じような考えをもち、同じように行動してくれる他者を求めることがあります。そのような同質性をもった他者は、いっしょにいるだけで心の安らぎを与えてくれることでしょう。その一方で、彼らは、自分とは異なる考えをもち、行動スタイルも異なる他者を求めることもあります。そうした異質性をもった他者は、あこがれやモデルとして、思春期の子どもの目に映ることでしょう。

自分の顔を見るとき、その鏡の透明度や曇り具合が一つ一つ異なるように、自己を照らし出す他者もさまざまです。すでに述べたように、多様な他者と多様な関係を取り結びながら、思春期の子どもは自己を形成していきます。鏡になぞらえることができる他者は、自己を可視化させる働きをもっています。可視とは、「肉眼で見ること」です。そのままでは目には見えない、過去の自己や未来の自己、さらには、現在の自己を、他者という鏡は映し出してくれるのです。

思春期の子どもが生きている今という時代、これまでに生きてきた過去、これから生きていこうとする未来についても、その全体をとらえることは一人ではなかなか難しいことです。その際にも、他者との語らいやかかわりをとおして、思春期の子どもは、過去や現在や未来の社会を可視化することができるのだと思います。彼らが、今の時点から、過去をふり返り、未来を見とおしながら、人生を生きていこうとするとき、自己や社会をしっかりと見極める手助けをする他者の存在は、何よりも大切なものであると言えるでしょう。

第6章で紹介されているように、春日井先生の進路学習の授業を受けた中学三年生は、次のような感想を寄せました。

「人生は、思い通りに進んでいかなくて、おもしろいなあと思った。十年後の自分がどうなっているのかとても楽しみ」

思春期の子どもが、他者をとおして可視化した自己や社会は、もしかすると、ぼんやりとした輪郭しか示していないのかもしれません。結局は、それでもいいのだと思います。

「見えない自己」や「見えない社会」を、他者を介して可視化しようとする能動的な行為が、思春期の子どもたちに人生を歩んでいく勇気と期待を与えてくれ、自己形成をうながすと考えられるからです。

4　おわりに

現代を生きる思春期の子どもにおける自己形成は、次のような特徴をもつと考えらえます。第一に、異なる発達段階で達成されるべき発達課題を、同時期に重層的に抱え込んでいることです。第二に、商品化の進行が部分的、断片的な自己を生み出し、身体・精神・社会の発達全体を包括した自己形成が困難になっていることです。第三に、学校教育において意識される他者からの評価的まなざしへの過度なとらわれが、自己形成のゆがみをもたらすことです。

それに対して、思春期の子どもへの支援のあり方として考えられたのは、次の三つでした。第一に、「ことば」のもつ力に依拠して、自己の肯定的な面だけでなく、否定的な面も含めて、真正面から向き合うことが、思春期の子どもの自己形成にとって必要不可欠であり、自己肯定感を生じさせるということです。第二に、思春期の子どもの人格発達において、相互に有機的に結びついている縦の糸（時間的展望）と横の糸（人間関係）が組み合わさったところに、子どもの自己形成が織りなされていくということです。第三に、思春期の子どもが、他者をとおして自己や社会を可視化しようとする能動的な行為が、人生を歩んでいく勇気と期待を与え、自己形成をうながすということです。

思春期の子どもへの支援とは、大人が子どもを無理やり引き上げるというものではありません。あるいは、大人が子どもの後押しを強引にするというようなものでもありません。2節で述べたように、子どもと大人が互いに発達していくなかで展開されるものだと考えられます。

思春期の子どもと大人は、互いを映し合う鏡です。思春期の危機のまっただ中にいる子どもが示す「問題行動」は、大人自身の生き方の問い直しを求めるサインでもあるのです。例えば、第1章では、「大人になりたくない。今のままがいい」と答える子どもが多い理由として、大人が魅力的な存在でないからではないかと考察しています。子どもの目には、大人が生き生きとしたモデルとしては映っていないということです。そうだとすれば、何が求められるのでしょうか。最初に必要なのは、大人が自分の生き方を問い直すということだと思います。そこが支援の出発点となります。

思春期の子どもと大人は、同じ時代を共有しています。思春期に対して、思秋期という言葉があります。思春期の子どもと思秋期の大人。そのいずれもが危機のなかにいて、前進と退行、チャンスとピンチをくり返しながら、現代という時代を生きているのです。人生を歩くなかで、小さな小川があれば、ときには、少し後に下がって助走をつけて飛び越えなければなりません。このように、後退は時には前進のエネルギーにもなりうるのです。

子どもと大人。子どもたちと大人たち。人々の網の目のなかで、思春期の子どもはさまざまな困難さと立ち向かいながらも、豊かな自己を形成していくのだと信じたいと思います。

（都筑　学）

引用・参考文献

Erikson, E. H. 1982 *The life cycle completed : A review.* New York : W.W. Norton Company Inc.（村瀬孝雄・近藤邦夫（訳） 1989 『ライフサイクル、その完結』 みすず書房）

小川太郎 1964 『日本の子ども 増補版』 新評論

大江健三郎 2001 『「自分の木」の下で』 朝日新聞社

Postman, N. 1982 *The Disappearance of childhood.* New York : Delacorte Press.（小柴 一（訳） 1985 『子どもはもういない』 新樹社）

Winn, M. 1983 *Children without childhood.* New York : Pantheon Books（平賀悦子（訳） 1984 『子ども時代を失った子どもたち』 サイマル出版会）

おわりに

本書の企画について、最初に話を伺ったときから、二年ほどが経過しました。コンセプトが成熟して文章になるまでには、それ相当の時間が必要だったということでしょう。こうして出版にまで至り、編者として肩の荷を下ろしているところです。

本書では、思春期を一〇～一八歳という広いスパンでとらえています。これは、一方で、十代の子どもの発達を連続的に把握できるという積極的な意味を持っています。他方では、児童期後期から青年期中期ぐらいまでの子どもを一括りにしているために、質的な差異を曖昧にしてしまっている可能性もあります。

熟成期間を経て出版されることになった本書が、思春期の子どもの自己形成の本質にどれぐらい迫ることができたのか、思春期の範囲をどう規定するかという点も含めて、読者のみなさん方からの忌憚ないご意見・ご批判をお待ちしています。

最後になりましたが、本書の出版にあたっては、ゆまに書房編集部の高井健氏にたいへんお世話になりました。執筆者を代表して、心よりお礼を申し上げたいと思います。

二〇〇六年九月　　都筑　学

【執筆者一覧】

◆序章・第3章・終章◆

都筑　学　（つづき・まなぶ　中央大学文学部）

◆第1章◆

田丸敏高　（たまる・としたか　鳥取大学地域学部）

◆第2章◆

村野井　均（むらのい・ひとし　茨城大学教育学部）

◆第4章◆

田口久美子（たぐち・くみこ　立正大学心理学部）

◆第5章◆

渡辺弘純　（わたなべ・ひろずみ　愛媛大学教育学部）

◆第6章◆

春日井敏之（かすがい・としゆき　立命館大学文学部）

◆第7章◆

田中詔子　（たなか・のりこ
医療法人メンタルリカバリーセンター幡病院）

渡邉寛子　（わたなべ・ひろこ　福島県立会津養護学校）

◆第8章◆

赤木和重　（あかぎ・かずしげ　三重大学教育学部）

◆シリーズ　こころとからだの処方箋◆　⑦

思春期の自己形成
――将来への不安のなかで――

二〇〇六年十月二十五日　第一版第一刷発行

著　者　都筑（つづき）学（まなぶ）ほか
編　者　都筑　学（中央大学文学部教授）

発行者　荒井秀夫
発行所　株式会社ゆまに書房
〒一〇一―〇〇四七
東京都千代田区内神田二―七―六
振　替　〇〇一四〇―六―六三二六〇
印刷・製本　株式会社キャップ
カバーデザイン　芝山雅彦〈スパイス〉
落丁・乱丁本はお取り替え致します
定価はカバー・帯に表示してあります

ISBN4－8433－1819－1 C0311